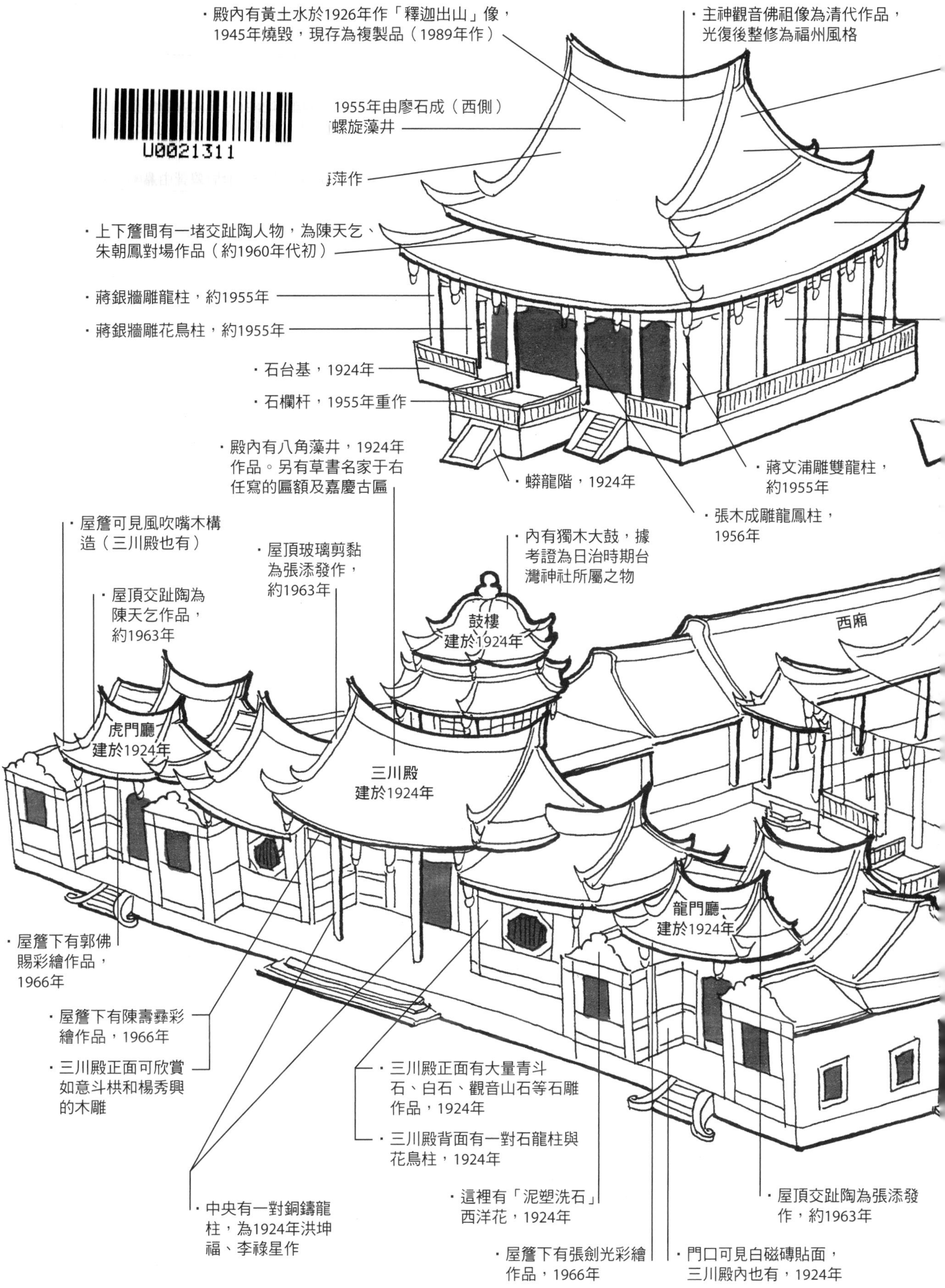
・殿內有黃土水於1926年作「釋迦出山」像，1945年燒毀，現存為複製品（1989年作）
・主神觀音佛祖像為清代作品，光復後整修為福州風格
1955年由廖石成（西側）
螺旋藻井
萍作
・上下簷間有一堵交趾陶人物，為陳天乞、朱朝鳳對場作品（約1960年代初）
・蔣銀牆雕龍柱，約1955年
・蔣銀牆雕花鳥柱，約1955年
・石台基，1924年
・石欄杆，1955年重作
・殿內有八角藻井，1924年作品。另有草書名家于右任寫的匾額及嘉慶古匾
・蟒龍階，1924年
・蔣文浦雕雙龍柱，約1955年
・張木成雕龍鳳柱，1956年
・屋簷可見風吹嘴木構造（三川殿也有）
・屋頂玻璃剪黏為張添發作，約1963年
・內有獨木大鼓，據考證為日治時期台灣神社所屬之物
・屋頂交趾陶為陳天乞作品，約1963年
鼓樓
建於1924年
西廂
虎門廳
建於1924年
三川殿
建於1924年
龍門廳
建於1924年
・屋簷下有郭佛賜彩繪作品，1966年
・屋簷下有陳壽彝彩繪作品，1966年
・三川殿正面可欣賞如意斗栱和楊秀興的木雕
・三川殿正面有大量青斗石、白石、觀音山石等石雕作品，1924年
・三川殿背面有一對石龍柱與花鳥柱，1924年
・中央有一對銅鑄龍柱，為1924年洪坤福、李祿星作
・這裡有「泥塑洗石」西洋花，1924年
・屋頂交趾陶為張添發作，約1963年
・屋簷下有張劍光彩繪作品，1966年
・門口可見白磁磚貼面，三川殿內也有，1924年

作者簡介

徐逸鴻

台灣新生代古蹟與手繪建築達人。

一九七七年生，桃園縣觀音鄉人。進入古建築領域已有二十多年，曾任職李乾朗工作室助理。

擅長攝影、繪畫，並從事許多建築測繪與插圖繪製工作。

中國文化大學建築暨都市設計系學士，台北藝術大學建築與古蹟保存研究所碩士。曾就讀北京清華大學建築歷史與文物建築保護研究所博士班；目前在台北市主持「木也建築學堂」。

著有《圖說艋舺龍山寺》、《圖說日治台北城》及《圖說清代台北城》三書。

台灣珍藏
21

圖說 艋舺龍山寺

禪風傳世典藏版

徐逸鴻 著/繪圖

■推薦序

圖說是一種平易近人的語言

李乾朗（台灣古建築專家）

艋舺龍山寺聞名全臺，甚至日本觀光客將它視為最具代表性的臺灣廟宇，它的信仰融合儒、釋、道文化，它的建築集結了閩南與臺灣古建築藝術之精華，特別是在一九一九年的大改築工程中，聘請泉州溪底派木匠大師王益順主持，另有惠安石匠與廈門交趾陶匠師共襄盛舉，造就了無比輝煌的傳統建築藝術。

我曾在一九九二年受臺北市政府民政局之委託，對龍山寺建築進行過仔細的調查研究，後來龍山寺的後殿、大殿與鐘鼓樓也陸續整修，基本上保存了古蹟的傳統形貌。這是一座集宗教信仰與傳統建築工藝於一身的寺廟，它猶如一座寶庫，值得人們細加觀摩欣賞。

我在中國文化大學建築系三十多年所教的學生中，大多成為開業建築師，只有少數成為傳統建築研究者，逸鴻屬於後者，並且是能靜下心來鑽研古蹟學術的傑出學生。近年來他投下工夫研究艋舺龍山寺，並且運用圖解技巧來分析介紹，相信必能引起廣大讀者的興趣，我為他感到高興。

逸鴻這本《圖說艋舺龍山寺》，以豐富的史料作參考，將漢人在艋舺的開發史，包含建設聚落、頂下郊拚以及各地龍山寺廟宇之類型比較，皆以生動的圖樣表現出來。特別值得肯定的是一九一九年王益順來臺北改築龍山寺的各種施工過程推理想像圖，兼具藝術性與知識性，使很艱難的斗栱及藻井技術，化成平易近人的美術語言，讀者從成人到兒童皆可接受，對引導人們從欣賞到理解台灣古建築，這本書成為良好的橋樑。我長期提倡臺灣古建築保護與古文化之復興，特別讚賞逸鴻這本有創意的新書，樂為之序。

二〇一〇年八月

■推薦序

龍山寺的故事

林保堯（台灣佛教藝術專家、台北藝術大學文化資源學院前院長）

遇見龍山寺，是人生的學習歷程，更是殊勝的因緣。

在淡江文理學院（淡江大學前身）服務期間，有五年跟著林衡道老師跑各地田野。一次老師講起臺灣神社（圓山飯店前身）的種種，滿州國當年送來的兩座銅牛被移至今天國立台灣博物館門口，兩隻狛犬散落在山坡下，後來被移往劍潭公園門口。表參道上的石燈龍因材質極好，則被三峽祖師廟買去，成為日後李梅樹教授發揮台灣精緻寺廟雕刻藝術殿堂的上上材。接著，還有個「鼓」之類的。

二○○二年參與文建會「國立台灣博物館民俗文物小組」清查工作時，得知館藏文物臺灣神社大鼓為龍山寺所借。二○○三年七月二十二日，後學在台博館蕭宗煌館長帶領下，終於會勘到這具被借走近四十餘年的臺灣神社「獨木大鼓」。

因這份緣分，日後只要行經龍山寺，就一一探索、欣賞。二○○六年初申請到當時龍山寺板橋文化廣場執行長的允許，開始了傳統藝術與文獻這門課的田野調查。在此學期中，因建築出身的逸鴻加入，師生們皆獲益良多。記得一次獲得在大殿搭乘高梯、拍攝各處細部的許可，當時逸鴻的專心與專業讓大家印象深刻，他也不吝大方分享所知。

二○○七年有機會帶逸鴻到陝北、晉北、冀北太行山內作田野。在陝西韓城的普照寺時，他對元代建築的投入與攝製更令我佩服不已。因為他在當下拿起簿子，一一描繪古建築的各面結構！是田野調查真正的「第一手」。

《圖說艋舺龍山寺》讓我發現逸鴻對古建築的特有智慧。看了他的書，可以「從無到有」知道這座古建築的歷史、身世、文化和藝術。期待讀者一起來分享，明白龍山寺的內蘊與真實！

二○一○年八月三號

于梅園・封塵齋

自序

大約在三年半前，貓頭鷹出版社與我接洽，希望能夠製作一套以台灣建築為主題的手繪書。當時我鑽研台灣建築史已有些心得，加上平日喜愛畫建築透視圖，因此便著手嘗試將文字與繪畫結合，製作一本內容既親切、又稍具深度的建築史繪本書。

艋舺龍山寺是台北市、甚至全台灣都相當聞名的寺廟，歷史悠久、建築莊嚴，是日治時期泉州派建築的代表作，在建築史上具有相當重要的地位，了解龍山寺，也就能夠相當程度了解日治時期的寺廟建築。另一方面，寺廟建築是台灣傳統建築的精華，了解寺廟建築，也就能對傳統建築的基本有所掌握。

本書從歷史文化方面著手，並用大量輔以手繪圖的方式，逐步說明有關設計思想、美學以及材料構造等建築學問題。希望能完整呈現龍山寺各個不同的面向，帶領讀者輕鬆進入建築史的世界，也期待讀者在讀過之後，能對建築史有比較深入的了解，甚或引起進一步研究的興趣。那將是給我最大的安慰。

書中的手繪圖是經過仔細考證畫出來的，少數圖面由於史料不足，便以推測的方式繪圖，在圖說中都會標註出來。圖面的類型，有較寫意的素描畫法，也有剖析建築內外的透視圖，還運用了古建築研究用的測繪描圖法，使得這本書的圖樣不僅賞心悅目，也具有很高的精確性與說明性，讓讀者在翻閱文章時，也能仔細揣摩許多建築細節。

這本書由於和我的碩士論文同時進行，因此歷時數年才完成。寫作期間幫助過我的人很多，包括台北三重剪花匠師陳世仁先生、萬華佛雕師陳燕興先生與台南石匠師施弘毅先生，熱心解答我心中的疑惑，為本書的完成，提供專業基礎。恩師李乾朗教授早年對龍山寺的調查，以及對台灣寺廟建築各方面所作的大量深入研究，亦是撰寫本書的基石。

本書也承蒙王鎮華教授對內容提供了許多寶貴意見，張立慶女士指導我寫作技巧，並幫忙潤飾了內文。感謝戴吾明教授、林保堯教授、邱博舜教授一路上的鼓勵，而我的父親、母親在寫作過程中提供無條件的支持，更是本書完成最重要的推力。

最後我要感謝本書的編輯陳詠瑜小姐和美編謝宜欣小姐，在最後緊鑼密鼓的完稿階段，她們依然很有耐心的接受我提出的許多修正意見，終於將這本書打造成我當初理想的樣子，是完成本書的大功臣。

徐逸鴻
二〇一〇年八月
於台北

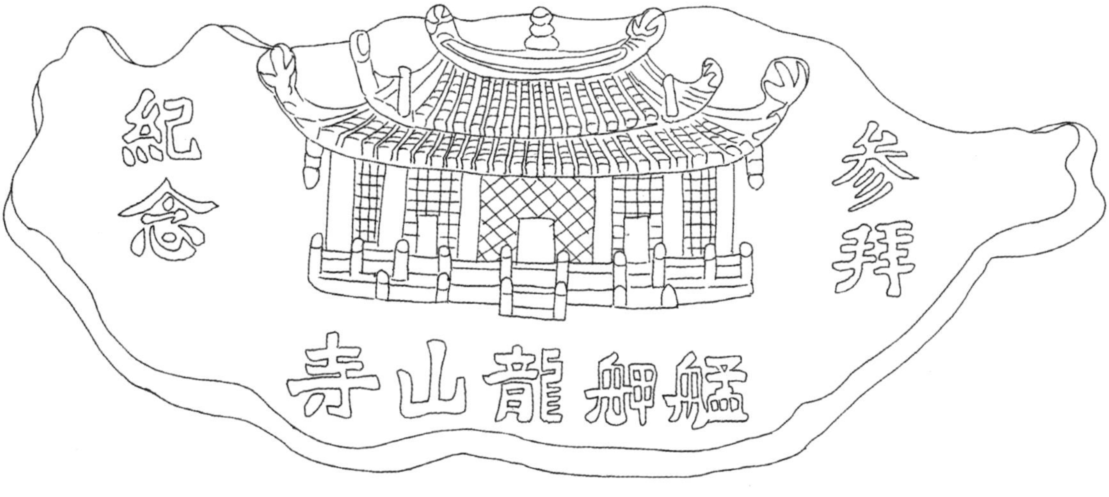

目次

艋舺——清代台灣三大商業都市

十七世紀，當台灣南部的明鄭王朝以台南為政經中心，發展出許多漢人聚落時，台灣北部地區仍以原住民聚落為主。只有在靠近最北部海岸的基隆、淡水地區，因為曾經有西班牙人、荷蘭人盤據，而興築過港口與堡壘。自淡水河口逆流而上，一邊是大屯山脈、一邊是觀音山，上游分支為大漢溪、新店溪與基隆河等。這個由眾多水系與群山環繞的台北盆地，兩百年後成為台灣最重要的城市，而此時仍是原住民凱達格蘭族人活躍的地區。在淡水河東岸，據說凱達格蘭族人經常駕駛小舟於河邊與漢人進行交易，而其語言中「舟」的發音為Banka，因此稱此地為艋舺，到了日治中期一九二〇年，由總督府民政長官下村宏，改「艋舺」為日文譯音「萬華」，但至今「艋舺」這個舊地名，依然深入人心。

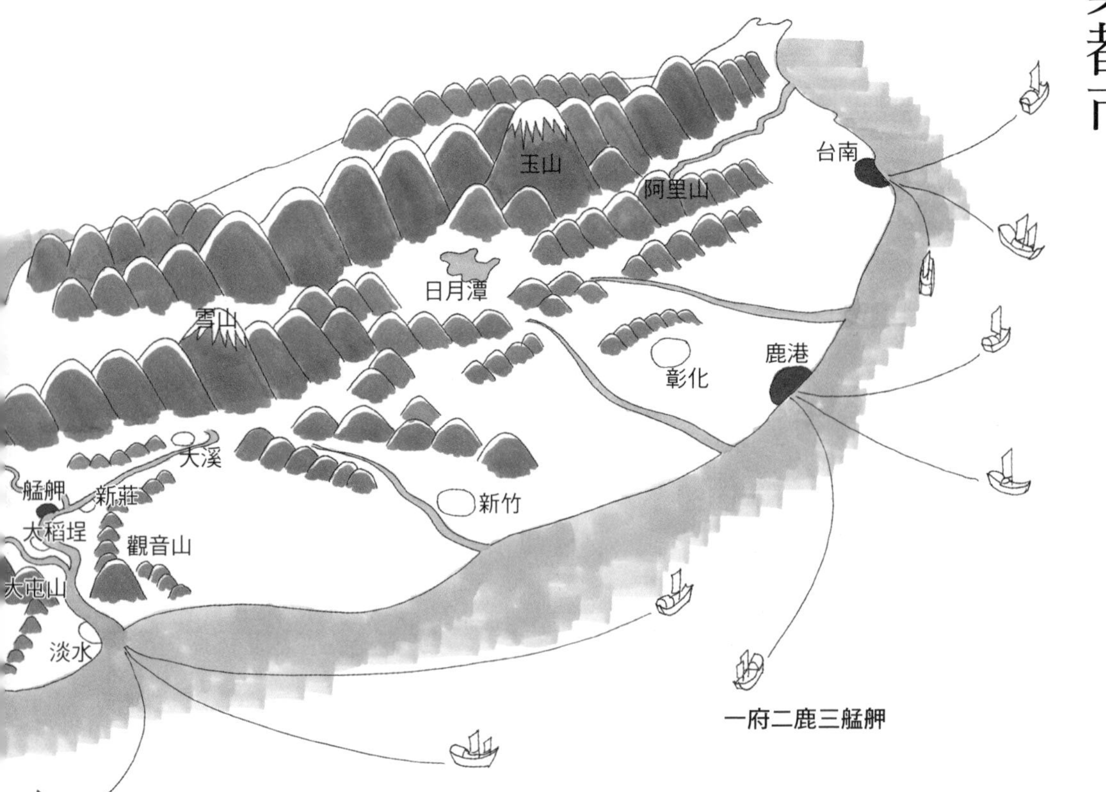

一府二鹿三艋舺

清康熙四十八年（一七〇九），由泉州三邑人及同安人共同組成的「陳賴章墾號」，取得官方許可進入台北盆地開墾，這是漢人有組織開墾台北的起點。在商業發展方面，清乾隆五十七年（一七九二），開放台灣北部的八里坌港，與福州之五虎門、蚶江往來。在此之前，與大陸的商船貿易，僅能透過台南、鹿港等中南部地區，因此八里坌的開港，很快促進了北部商業貿易的發展。在整個大台北地區，雖然位於淡水河西岸的新莊，是漢人最早聚集的貿易港，卻因為港口逐漸淤塞而沒落。淡水河東岸的艋舺地區，便逐漸取而代之，發展出新興的商業聚落，成為台北地區的貨物集散中心。在這裡進行的貿易，會將北部內山的農產品如米、糖、大菁等，出口到對岸的泉州、廈門，甚至遠至寧波、上海、廣東等地，同時將日用品輸入台灣內地。由於台灣當時仍為開發中地區，以農業為主要產業，因此布料、陶瓷器和上等建材如磚、石、木料等，仍普遍自對岸的大陸進口。

艋舺出現的第一條街，因為原住民經常帶著蕃薯來此和漢人交易，而被稱作「番薯市街」，後來改稱為「歡慈市街」，這條街也被認為是台北市發展史上的第一條街。之後又陸續發展出舊街、直興街、草店尾街、新店頭街等，形成縱橫交錯的街市。而艋舺許多重要寺廟的建立，如龍山寺、新興宮媽祖廟、清水祖師廟、水仙宮等，則代表了各族群的地方勢力與信仰力量。

據清代姚瑩所著〈臺北道里記〉中所描述，道光時期艋舺地區的民居戶舖達四、五千戶。當時台灣北部地區的主管機關淡水廳設在竹塹城（現在的新竹市），卻也僅有兩千戶舖的規模。因此在清代有「一府二鹿三艋舺」的說法，可見艋舺街市規模之大。到了清同治之後，艋舺商業區的規模逐漸被淡水河下游的大稻埕超越，至清代末期，兩地人口合計約五萬人，與當時的台南城相當。一八八五年台北城建造完工後，便和艋舺、大稻埕合稱「台北三市街」。據日治初期統計，台北盆地周圍的聚落，規模最大者為大

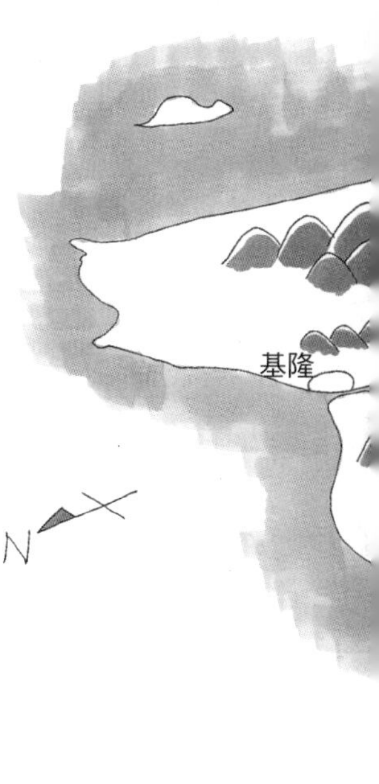

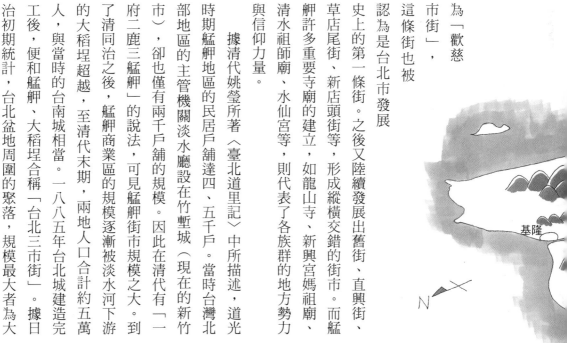

稻埕，共有六十條街道，而艋舺有四十四條，居第二位，並遠高於第三名——擁有二十五條街道的淡水聚落。可見直到日治時期，艋舺商業區在台北仍占有舉足輕重的地位。

清末的萬華街道想像復原圖
（本圖參考一八九八年《最新實測臺北全圖附圓山附近》所繪成）

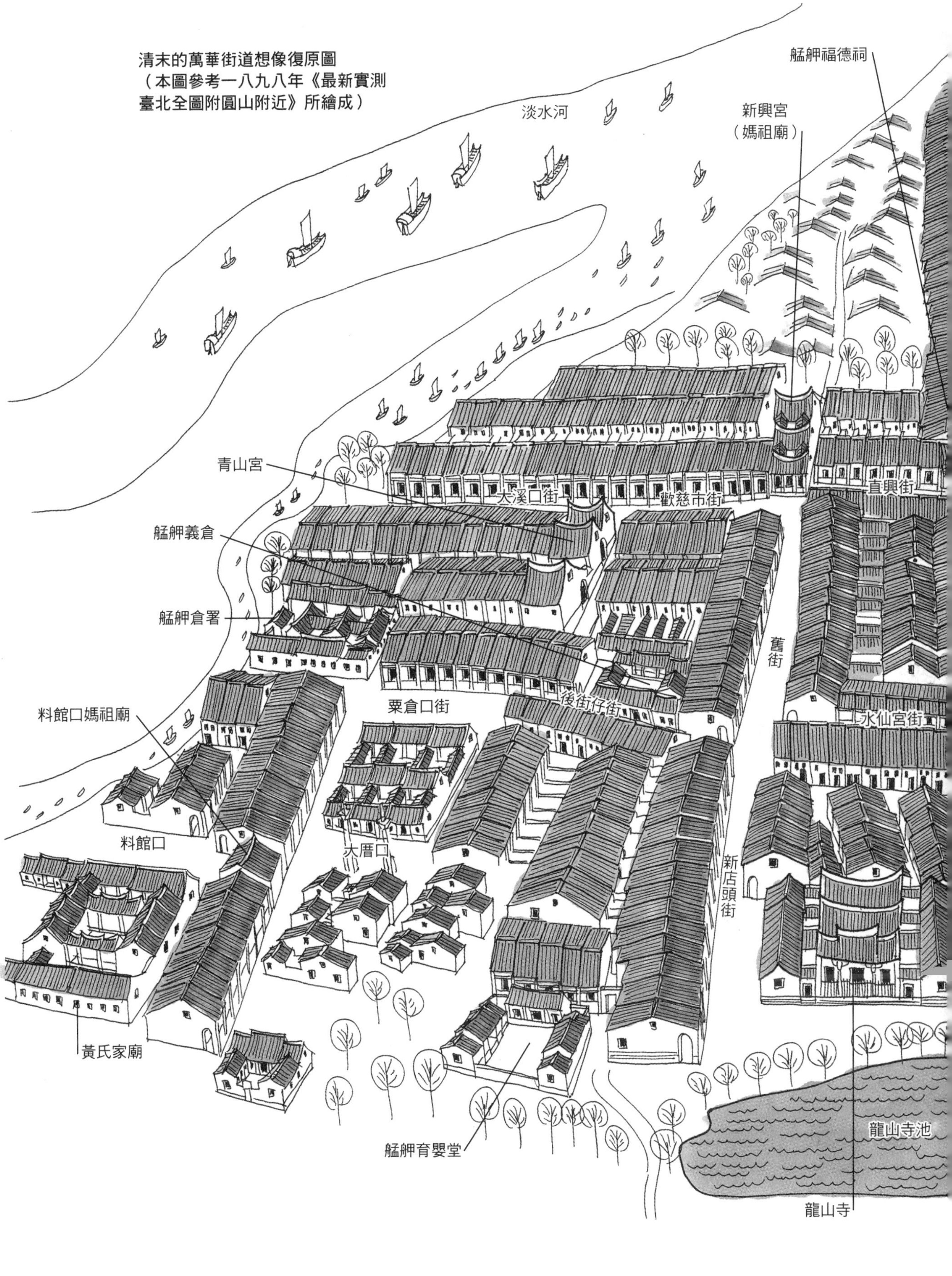

龍山寺的創建

中國大陸與台灣之間相隔的台灣海峽，素有「黑水溝」之稱，俗諺說「六死三留一回頭」，可見清代渡海來台之不易。大陸移民們經過重重險阻到了台灣，還必須面對本土原住民，與來自不同地區移民之間競爭的壓力。因此清代台灣的移民聚落，多以同鄉組成，凝聚力強，具有明顯的排外性格。艋舺是由福建泉州三邑人（晉江、惠安、南安）與同安人移民所組成的聚落。在移民聚落中，為求心靈寄託與凝聚團結力量，往往建立起廟宇，奉祀家鄉神明，廟宇因此成為居民的信仰與生活中心。

龍山寺便是在這樣的背景下，由泉州三邑人建立起來，創建的過程頗具傳奇色彩。傳說在清乾隆年間，有一泉州船員（另有一說是三邑商人），要從艋舺到景尾（今天的景美）採購藤材，經過今日龍山寺附近，突然想小解，於是將身上攜帶的香袋掛在樹上，再行小解，事後卻匆匆離去，遺忘了掛在樹上的香袋。之後，這個香袋在黑暗中發出亮光，引起了附近居民的注意，才發現這個掛在樹上的香袋上有金字寫著「龍山寺觀

繁華的艋舺港口

音佛祖」，據說民眾對此香袋祈願，頗為靈驗，因此便建廟祀奉，並自泉州安海龍山寺恭迎觀音佛祖來台。建築自清乾隆三年（一七三八）興工，至乾隆五年（一七四〇）完工，龍山寺自此成為艋舺地區泉州三邑人的信仰中心。

從另一角度看，清代艋舺之繁榮，在於商業貿易。當時往來於台灣與大陸之間進行貿易的商行，會合作成立同業組織，稱之為「郊行」，這些郊行由於財力雄厚，在社會上占有舉足輕重的地位，除了地方建設外，還具有建立學校、平定地方動亂、賑災等社會功能，在艋舺最早創立的郊行，是泉郊「金進順」，也是台北最早的郊行。據清同治十年（一八七一）之《淡水廳志》〈風俗考〉記載，艋舺泉郊金進順、北郊金萬利、大稻埕廈郊金同順，合稱台北三郊。

郊行組織的成立，也多以宗教信仰為號召，兩者關係相當緊密，在聚落及都市中，郊行經常捐獻經費建廟。比如在乾隆年間主倡創建龍山寺的黃典謀，即為艋舺富商，建造龍山寺大半用地，都是由他捐獻的。另外，艋舺泉郊、北郊也出力甚多。值得注意的是，早期龍山寺的第三進奉祀媽祖，與中殿的觀音佛祖並無直接關係，這是因為當時艋舺有泉郊五十餘戶，為求航海安全而奉祀媽祖，於是對貿易品課徵稅金，以這樣的收入建造了聖母殿。

由此可見，地方性的廟宇往往不僅是信仰中心，也和當地郊行有很深的關係，如當時艋舺北郊金萬利的辦事處就設在龍山寺第三進，而在龍山寺西側門的牆壁上，至今仍可見到清代艋舺首富張秉鵬開設的「張德寶」船頭行所出資捐獻的石雕建材。

「張德寶」捐獻的石雕

地方信仰中心登上歷史舞台

正因為廟宇與郊行及地方事務皆有如此密不可分的關係，在發生重大事件的時候，廟宇往往也成為主要舞台。清代台灣的移民聚落間，經常有著畫分勢力範圍的緊張關係，閩南人與客家人、漳州人與泉州人，甚至異姓之間的衝突，最後往往演變成械鬥事件。在清咸豐三年（一八五三），艋舺發生了大型的械鬥衝突，史稱「頂下郊拚」，同為泉州的三邑人與同安人，為了商業利益火拚。在三邑人地盤與同安人居住的八甲庄之間，有一大片水池，因此頗難進攻。在這兩方勢力中央的，是採取中立的安溪人，三邑人最後借道安溪人的信仰中心——祖師廟——的有利位置，攻入同安人的八甲庄（今昆明街、貴陽街二段頭、桂林路老松國小一帶），使其往北敗走，另外建立起大稻埕聚落。龍山寺在這次械鬥中，就做為三邑人的大本營。

到了清光緒十年（一八八四），中法戰爭爆發，波及台灣。清廷任劉銘傳為福建巡撫，並督辦台灣事務。劉銘傳親至台北坐鎮指揮戰鬥，法軍艦隊進攻台灣北部基隆、淡水兩地，砲擊台灣守軍陣地，並以陸戰隊登陸。據說在這次戰爭中，原本議論放棄台灣北部防守，往南遷移，艋舺地方人士聞訊之後，群情激憤，寺廟董事便邀請眾郊商在龍山寺開會，決議與官軍一同死守台北，決議書附蓋龍山寺圖章，面交劉銘傳。之後，台北地區的鄉勇與官軍，和由中部北上馳援的鄉勇共同合作，大敗法軍於淡水，取得了清末擊敗列強侵略的難得紀錄。光緒皇帝以此役龍山寺觀音佛祖護庇有功，賜頒「慈暉遠蔭」匾額表揚。

到了一八九五年，清廷將台灣割讓日本，島內有識之士不願被日人統治，倡議成立「台灣民主國」，並尋求國際支持。日軍來台接收時，自北海岸澳底登陸，並攻陷基隆，不料此時台灣民主國總統唐景崧卻潛至淡水乘船逃走，台北城內官員也逃跑一空，官軍變盜賊，四處破壞掠奪，台北城陷入一片混亂狀態。此時，台北眾紳商在艋舺龍山寺內商議對策，決定請日軍進城維持秩序，之後由辜顯榮攜帶一份「求撫書」，到汐止與日軍交涉。最後日軍幾乎兵不血刃地進入台北城，開啟了五十年的治台時期。

艋舺龍山寺在台北許多重大的歷史事件中，扮演了重要的角色。到了日治時期，艋舺地方人士一旦發生糾紛無法解決，也會請龍山寺評理。一八九六年台北市的祭孔大典，由於原有的孔廟遭到破壞，改在龍山寺舉行。另外，台灣實業家所組成的紳商協會，也在龍山寺成立。由這些故事，可以看出龍山寺當時在社會上的影響力，以及在地方民眾心中的崇高地位。

三邑人燒毀祖師廟，攻入八甲庄想像圖

龍山寺與台灣的觀音信仰

艋舺龍山寺所祀奉的觀音佛祖，雖為佛教神祉，但在台灣民間信仰中頗為盛行。由於觀音在台灣為女神形象，具有慈悲為懷、救苦救難的力量，又能夠超渡亡魂，可說在陰陽兩界皆具有神力，因此民眾多祭拜觀音佛祖，以求平安。不但觀音廟的數量多，在家中奉祀者也相當普遍。龍山寺在台灣，則屬歷史悠久而著名的觀音廟。

在清代，由泉州安海龍山寺分靈到台灣的，除了艋舺龍

艋舺龍山寺

鳳山龍山寺

台灣的龍山寺與大陸祖廟位置圖

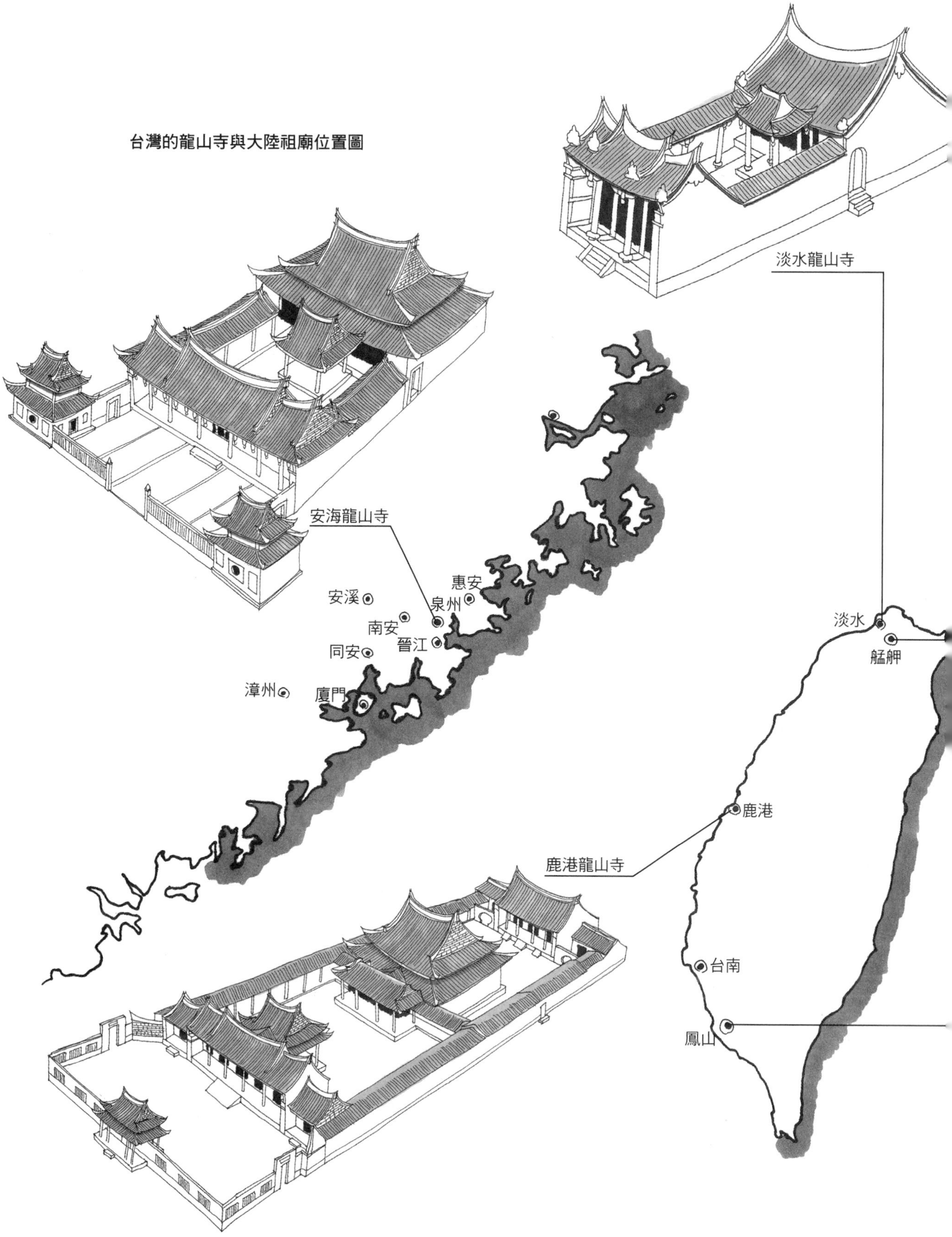

山寺外，還有台南龍山寺（一七一五）、鳳山龍山寺（一七六〇）、鹿港龍山寺（一七八六）等。而經由艋舺龍山寺分靈出去的寺廟，著名的有台北劍潭寺（一八四四年建寺）、林口竹林山觀音寺（嘉慶年間）、淡水龍山寺（一八〇三年分靈）等，另外還有一些分靈並未建廟，而是由神明會或觀音會組織輪流祭祀。

艋舺龍山寺在開創時，由艋舺三邑族群共同建廟經營，主事者多為地方商界聞人，因此做為地方公廟，帶有濃厚的民間信仰色彩，這可以從艋舺龍山寺最早的祭祀團體「四大柱」看出，所謂四大柱是三個地緣團體：晉水天上聖母會、螺陽公會、武榮媽祖會，以及一個商業團體金寶興（賭場業者），日治時期由於禁止賭場，因此由金紙商業組織金晉興取代。往後由四大柱逐漸拓展為十一大柱，為每年中元祭典時主要的祭祀團體。

寺內除了奉祀佛教的觀音，也奉祀民間信仰的媽祖、關帝爺、文昌君等神明。因此與原本觀音所屬的正統佛教不太相同。雖然如此，廟內董事會還是聘請佛教僧侶到廟中主持，維持佛寺的運作。這在台灣成為普遍而有特色的宗教信仰形式，也稱之為「民間佛教」，龍山寺可以說是此種寺院的代表。

到了日治時期，在福智和尚圓寂之後，大正十一年（一九二二），董事會聘請覺力和尚來主持龍山寺。覺力和尚原本擔任苗栗法雲寺住持，經營有成，他帶領弟子到艋舺龍山寺之後，推動了許多重要活動。龍山寺重建落成安座時，聘請大陸高僧圓瑛到寺內講學。之後還有佛教刊物如《台灣佛教新報》、《亞光新報》等的發行，以及「台灣佛教會」、「臺灣阿彌陀佛會」、「觀音會」等佛教組織，都在艋舺龍山寺成立。

早期的艋舺龍山寺建築

在日治初期的地圖上，艋舺龍山寺位於艋舺街市的南側邊緣地區。寺的方位座北朝南，面對的是廣大的田野，想當年應該是十分清幽之地。對於寺廟來說，擇地與方位都相當重要，是建寺首先要考慮的。雖然說在乾隆年間創立時，地點就選在發現香袋處，但據鈴木清一郎《台灣舊慣習俗信仰》的紀錄，當時請來名地理師張察元看風水，認為屬「美人穴」，是一個好的風水穴位。而且，若有為「美人」準備「鏡面」的需要，則可在寺前挖水池，池水照映廟貌，美不勝收，因此就在寺前挖了一個大水池。這個在艋舺地區規模數一數二的水池，直到一九二四年大改建之前，都還存在。所以說，早期艋舺龍山寺所在的位置，雖緊鄰著繁華的商業區，但前方面對寬闊的水池、田野，自成一寧靜區域，是做為佛寺清修的好地方。

選定穴位之後，風水師還要定出一條中軸線，確立整座廟宇的朝向。接著負責規畫設計的大木匠師，就要按照這條中軸線，設計出整座廟宇的格局，這條中軸線，匠人稱之為「分金線」。在劉克明編著的《艋舺龍山寺全志》中記載，龍山寺自創寺至今，所用的分金線都相同，為「坐子向午兼壬丙，用丙子丙午分金」，也就是朝南而略偏東的方位。

再談到建築的格局與外觀，我們今天看到的艋舺龍山寺，與清代已有很大的不同。清乾隆三年（一七三八）龍山寺創立時，應至少有前後兩進格局，第三進可能在稍晚增建。清嘉慶二十年（一八一五）發生大地震，寺內建築全部倒壞，於同年又重新修建。清同治六年（一八六七）遇暴風雨，牆壁損毀嚴重，因

此再次修築。自此之後到日治時期改建之前，就沒有其他修建的紀錄。從日治初期的舊照片看，龍山寺的平面配置與造型都與現存的艋舺祖師廟非常類似，即中路三開間，左右帶護龍，前後三進。

清代寺廟是以殿堂為中心，加上門廳及左右護龍而成，寺廟規模越大，廳堂與護龍也越多。最小的寺廟僅有一殿，殿堂寬度一般為單開間或三開間，稍大的寺廟則在主殿前加上門廳，往後還可增加後殿，往

清末龍山寺周邊想像復原圖

兩側可建造護龍。護龍一般作居住或儲藏間使用，也可以設置神殿。由於一座寺廟是由許多小建築連接起來，在佈局上很有彈性，在田野間可配合地形，在市街聚落中也可視用地大小來作規畫。

主殿堂與兩側護龍之間，以走廊連結，這種穿越天井的走廊，稱為「過水廊」。中路每一進之間也設走廊。如此一來，下雨時也可自在地在這個建築群之間遊走，而不會淋雨。每個建築之間都留有空地，稱為天井，可在建築四周引入陽光、雨水，還可以通風。這樣舒適地結合了自然與人造建築環境，使人雖處在建築中，仍可與自然保持緊密的接觸。可以說是非常有智慧的設計。

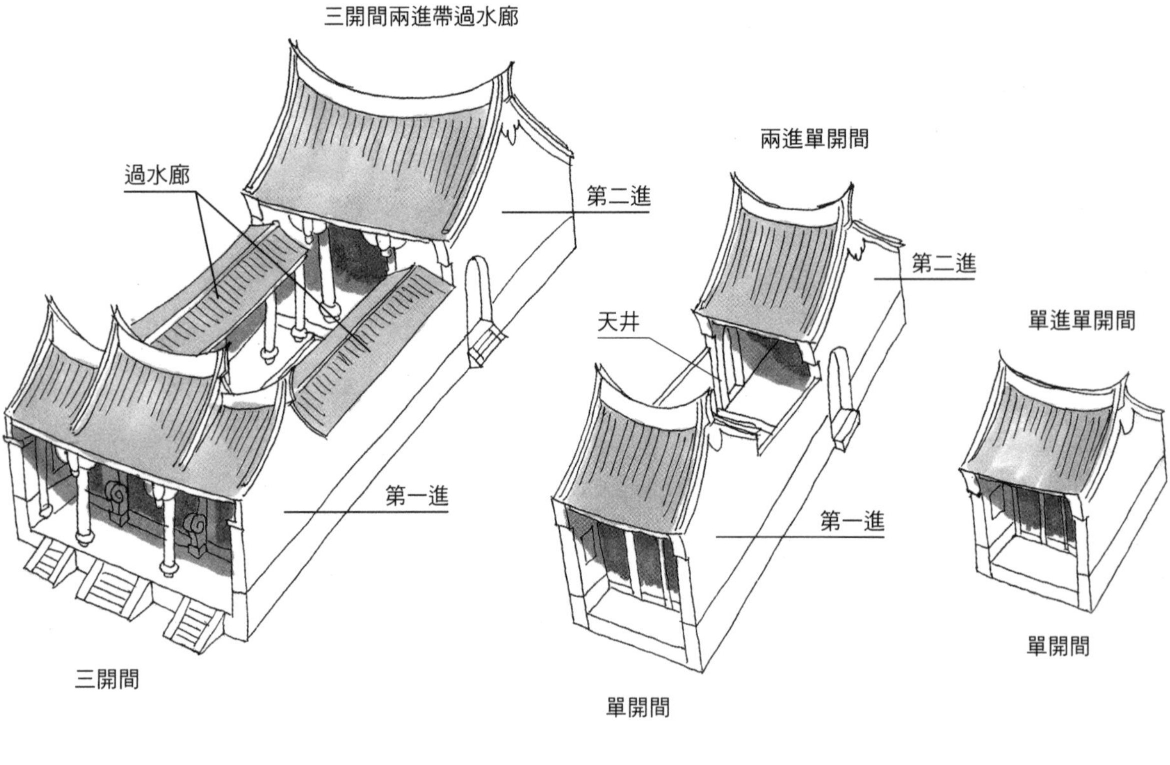

傳統廟宇的幾種格局

一九二〇年福智和尚發起大改建

一八九五年，台灣割讓予日本。在日治初期，由於經歷改朝換代的變動，加上各地抵抗日本統治的勢力風起雲湧，社會局勢極不穩定。此外，台灣經濟也未獨立自主，各種建設都有賴日本本國的支援，許多台灣寺廟多為日本軍隊、政府單位或學校借用。當時在艋舺龍山寺內，就設置過保良局（由辜顯榮建議設置，以安撫地方、保全良民的機構）、區長役場（約等同於區公所）、國語學校附屬分教場（分校）、女子授產場（職業訓練所，教授本島服飾、和服、各種機器裁縫作業、人造花果等手藝）、天台宗布教所、艋舺義塾分教場等。

而在日治末期皇民化運動開始之前，日本人對於台灣寺廟的管理，採取較尊重的態度，對於台灣人修建寺廟也不禁止，只是大型寺廟的建設與資金募集，必須經過主管機關同意。如台北孔廟在一九二五年計畫建造時，是由辜顯榮、吳昌才、洪以南、謝汝銓、黃純青、陳天來、李聲元、陳培根等人聯名，向臺北州提出建造申請，並由吉岡知事批准建築及募款。這項工程，甚至連前日本總督、軍司令官都捐款贊助，可見日人對其重視程度。

日治時期，台灣的財政靠著各項專賣產業的建立與外銷，至一九〇五年已經能夠獨立運作。而第一次世界大戰期間（一九一四到一九一八），日本與台灣都出現戰時景氣，經濟空前繁榮，民間資本也相當充足，社會一片欣欣向榮，形成修建寺廟的良好環境。

艋舺龍山寺從清同治六年（一八六七）起始修建到一九一九年，已歷經五十二年時光。此時寺內棟樑遭蛀、彩繪剝落，當時擔任住持的福智法師與有心人

龍山寺改建時的董事長辜顯榮（右）以及專務董事吳昌才（左）

士便開始提倡改建，由辜顯榮擔任改建總董事、吳昌才擔任副董事。此時以苦行聞名，因粗衣惡食而有「乞丐和尚」之稱的福智法師，率先捐出他多年主持佛事所累積的儲蓄七千兩百日圓。這筆錢約為當時一個普通台灣人工作十年所得，可說是一筆巨款，使艋舺地方人士相當感動，因此也相繼捐輸，讓艋舺龍山寺的重建工程得以順利推動。當時捐獻有許多形式，可捐款、捐土地，也可捐獻物件、材料。重建時所規畫的各部石雕構件、神龕等，也分別由信眾認捐。

福智法師

重建工程自一九二〇年元月動土，按照中殿、三川殿、鐘鼓樓以及聖母殿等次序建造，至一九二四年三月二十三日完工，費時四年餘。在完工前半年，日本發生了關東大地震，使得落成儀式延至一九二七年底才舉行，場面相當盛大，有千餘人參加。當時許多日本高官如台灣總督上山滿之進、台灣軍司令官田中國重、台北市尹（台北市長）田端幸三郎、台北州知事（約相當於台北縣長）三浦碌郎等人都參加了典禮，由此可見台灣民間的信仰活動，日本統治當局也相當重視。

龍山寺此次重建的經費，記錄在三川殿內牆上，總計為二十三萬七千多日圓，基地面積一千八百二十八坪，建坪六百二十二坪。平均一坪建造費用為三百八十日圓。就在龍山寺落成的一九二四年，位於台北龍山寺町的「婦人病院」也建造完成，為兩層式的洋風建築，建坪三百零六坪，共花費五萬五千日圓，就當時台灣以及日本本土來說，都可算是最宏偉的婦人病院，平均一坪建造費用約九十日圓，卻僅及龍山寺的四分之一而已，可見龍山寺建築的華美程度。再與台北最著名的官方建築「台灣總督府」（今總統府）比較，總督府於一九一九年建成，建築面積為兩千一百六十五坪，樓高五層，建造經費為兩百六十九萬日圓，每坪平均造價為二百四十八日圓。相較之下，龍山寺每坪造價仍為總督府的一點五倍。

也因此，當龍山寺改建完成之後，便聞名全台灣，甚至有「台灣第一梵宇」的稱號。日本建築史學者伊東忠太，在他一九四一年出版的重要著作《中國古建築裝飾》中，引用了艋舺龍山寺為說明案例。而研究台灣建築的先驅田中大作，在他一九五〇年完成的著作《台灣島建築之研究》中，也收錄了艋舺龍山寺，做為台灣主要的佛寺建築作品。

一九二四年落成的龍山寺

泉州名匠王益順主導改建工程

讓艋舺龍山寺脫胎換骨，成為台灣第一名剎的總建築師，是來自大陸泉州溪底村的大木匠師王益順。如同日本人在台灣引入西洋式、日式等建築式樣，大為豐富台灣的建築風貌，王益順設計的艋舺龍山寺，也為近代台灣寺廟帶來新的風格，可說是建築史上一個新的里程碑。據說當時辜顯榮到廈門，遇到正在建造黃培松大宅的王益順，見其技藝精湛，便邀請他來台灣主持龍山寺改建工作。

在台灣，一般鄉間民居的建造，只要土水師傅便可勝任。但若是建造寺廟，就要以大木匠師為首，配合許多不同工種的匠師，共同合作。王益順出身的泉州惠安溪底村，自古以來木作行業非常興盛，是福建著名的木匠幫。王益順來台時正值五十八歲的壯年，在泉州已經是著名的大木匠師，在這個背景下設計的艋舺龍山寺，處處可見木匠的經驗與巧思。

大木匠師的工作，是就基地的大小作整體規畫，要有幾進、幾個院落，每棟建築物的尺寸、造型，以及平面、立面的細節設計等，都是由大木匠師負責，可以說，大木匠師就等同於現代的建築師。他必須負責畫出建築物的設計藍圖，並且實際帶領班底完成建築物的主體結構。在《艋舺龍山寺全志》

大木匠師王益順

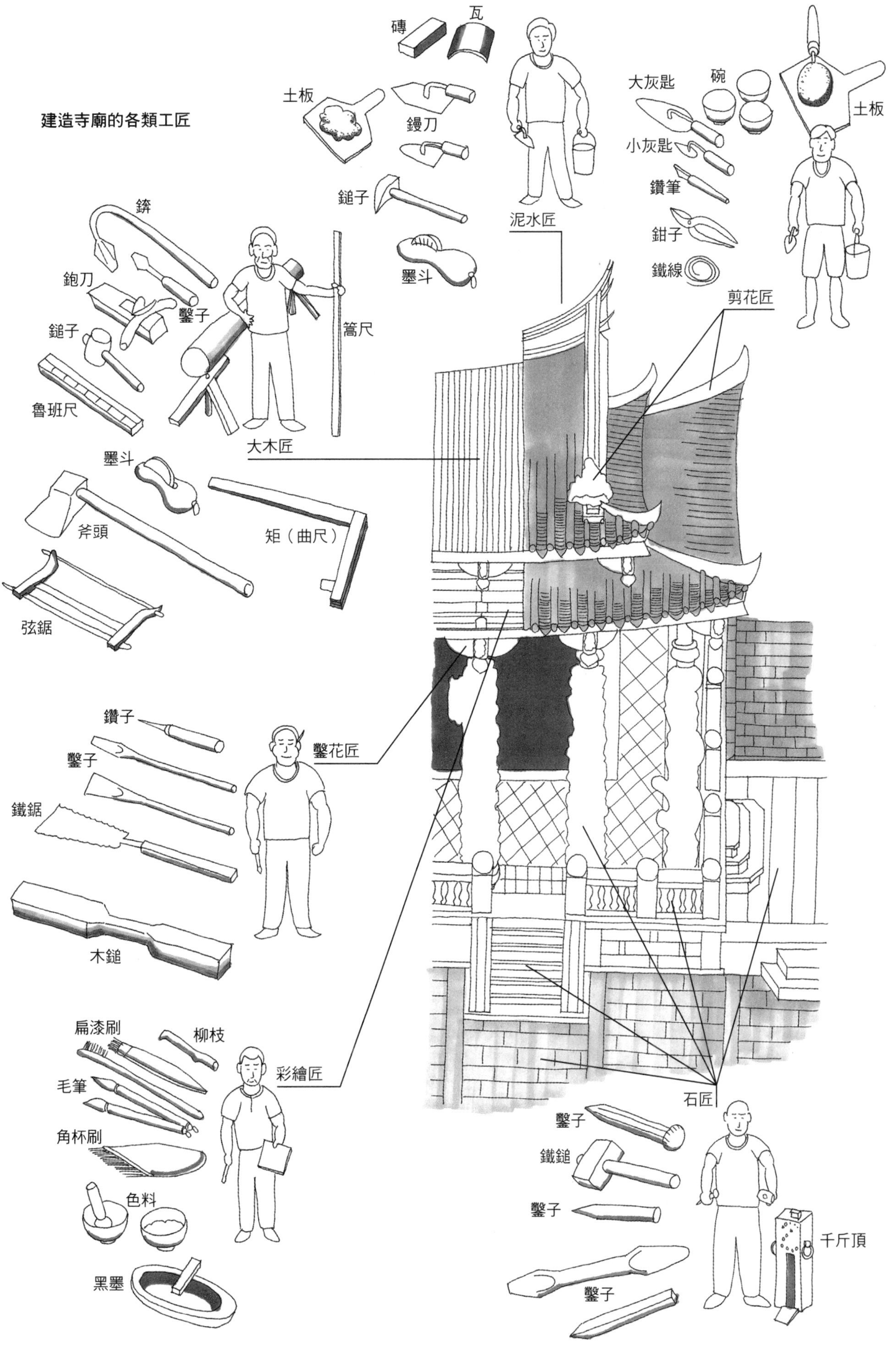
建造寺廟的各類工匠
磚
瓦
土板
鏝刀
鎚子
墨斗
泥水匠
大灰匙
碗
土板
小灰匙
鑽筆
鉗子
鐵線
剪花匠
鋛
鉋刀
鑿子
鎚子
魯班尺
篙尺
大木匠
墨斗
斧頭
矩（曲尺）
弦鋸
鑽子
鑿子
鐵鋸
鑿花匠
木鎚
扁漆刷
柳枝
毛筆
彩繪匠
角杯刷
色料
黑墨
石匠
鑿子
鐵鎚
鑿子
千斤頂
鑿子

中，王益順被稱作「建築技師兼建築監督者」，清楚地說明了他在工程中的角色。大木匠師完成設計之後，還要計算材料數量並且估價。而在施工之前的備料，一般是由業主自行採購，業主雇用的木工及石工可以隨業主採買，並提供意見。當然，也有業主直接將購料事宜交給包工負責。龍山寺大改建所用的石料，是由蔣馨在廈門所經營的「泉興石廠」提供。

在清代，建築結構用的木料多以大陸福州地區進口的福州杉為主，上等的雕刻材則採用台灣本地產的樟木、楠木。到了一九二〇年改建艋舺龍山寺時，雖然日本人已經開始開採阿里山的高級林木，但台灣人的建築材料仍以福州杉為主。

實際開始動工時，泥水匠是最早進場施作的。因為建築基礎、台基、牆體等主要結構皆以磚材為主，並加以少量的石材，所以這部分是由泥水匠來負責砌築。石匠與木匠也會在現場搭起工寮，開始進場作業。由於木料、石料都需要仔細地雕刻，完成之後並不適合長途搬運，因此自古以來，都是先把預訂好尺寸的原料搬到工地，在現場直接打造。

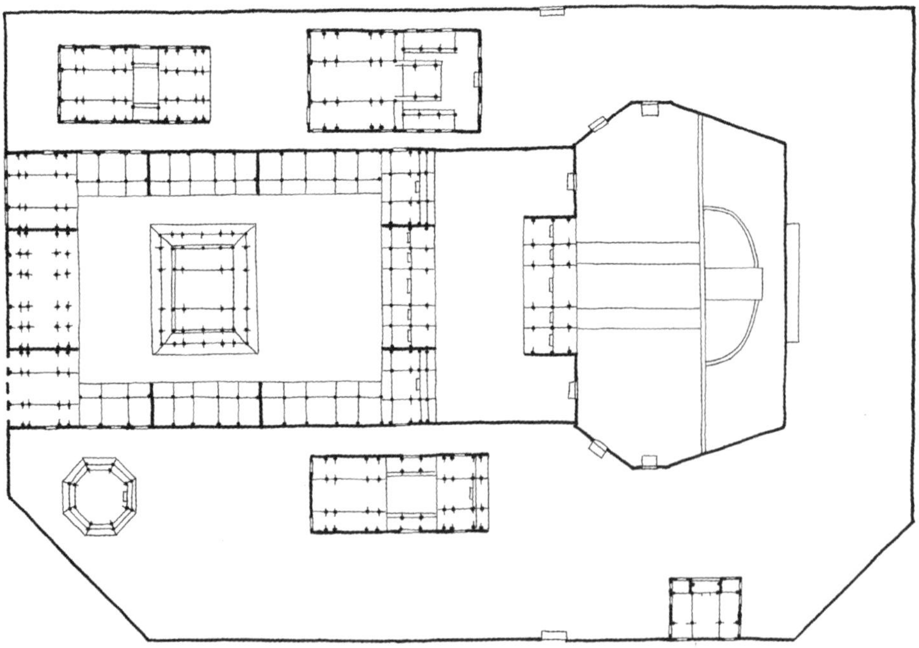

王益順繪，台北孔廟地盤圖（本圖依原圖重新描繪）

王益順繪，台北孔廟聖祖殿側樣圖（本圖依原圖重新描繪）

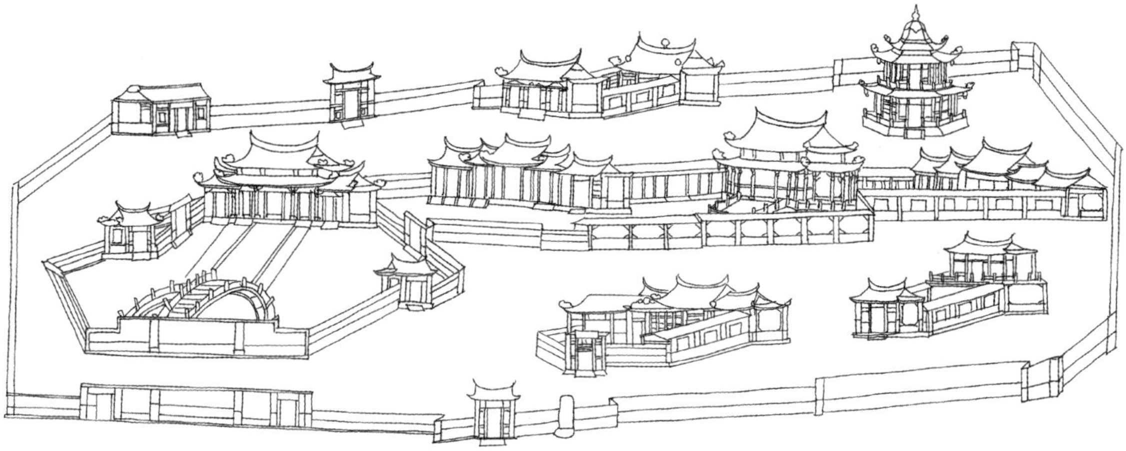

王益順繪，台北孔廟透視圖（本圖依原圖重新描繪）

最複雜的結構則屬大木作。雖然建築左右兩側有磚牆可以承重，但主要撐起屋頂的，還是木結構。樑、柱、斗、栱，以及各式大小零件，組成了巨大的建築結構，更是千百年來傳承的木匠技藝。如何安全地撐起屋頂，又使造型美觀，端看大木匠師的巧妙設計。在設計時，大木匠師會畫出「地盤圖」和「側樣圖」，分別表現建築的平面尺寸與內部結構。王益順所畫的龍山寺設計圖並沒有流傳下來，不過他稍後設計的台北孔廟留下了一些設計圖。其中還有整個建築群的透視圖，讓我們得以一窺傳統工匠的繪圖表現手法。

而從設計圖轉換到實際製作構件的過程，大木匠師會製作一種叫做「篙尺」的工具，這是一根細長的杆子，將複雜木構件的各種實際尺寸標註在尺上，做為施工依據。因為一棟建築有許多相同尺寸的構件，以篙尺為製作基準，非常準確。有些規模較大的殿堂，要同時用到好幾根篙尺，這些篙尺在建築落成之後，有時候會安放在樑上，以備日後整修參考用。在以往，有能力製作篙尺的，才能稱為合格的大木匠師，可以說是一項非常重要的專業技術。王益順的姪子王樹發，據說就是艋舺龍山寺改建工程的執篙者。

等木匠、石匠完成建築主要結構之後，就要請瓦匠製作屋脊、蓋屋瓦，整個建築工程到此即算完成。接下來的裝修工作，由彩繪匠師做木結構以及牆體的彩繪裝飾；小木工製作木造門窗；剪花匠製作水車堵、牆堵等處的泥塑、剪黏、交趾陶裝飾。一座廟宇殿堂由這麼多專業工匠來設計施作，採用的材料也非常考究，顯現出傳統建築是一種分工細膩、發展成熟的建築文化。

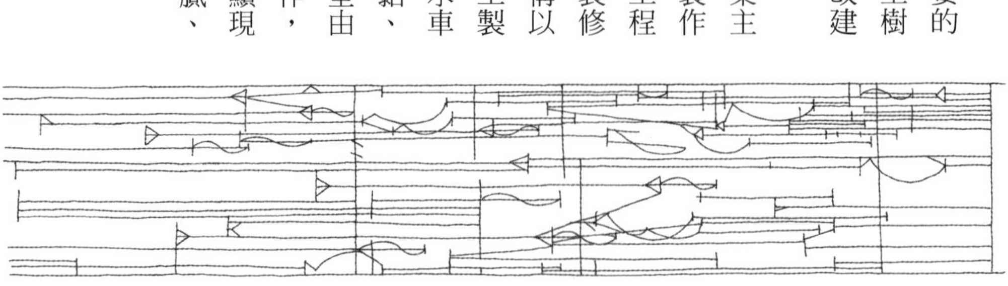

大木匠師所製作的篙尺

戰爭轟炸與中殿重建

一九四一年，日本發動太平洋戰爭。當時的台灣在經過多年建設後，已成為日本重要的工業生產基地，並有許多軍事據點，因此到了戰爭末期，戰火也延燒到台灣本島。從一九四五年一月起，美軍飛機開始攻擊台灣，全台大都市都受到猛烈轟炸。同年六月八日凌晨一點，龍山寺遭轟炸波及，中彈燃燒。當時由於寺內人員都疏散到外地去，無法及時搶救，因此整個中殿建築連同殿內神像、匾額等許多貴重文物，都一起化成灰燼，唯獨主神觀音佛祖像保存完好，信眾為此稱奇不已。另外，右廊也遭波及燒毀，損失慘重。事後，艋舺當地的楊氏家族捐出一棟舊大厝的建築材料，以作修建臨時中殿之用，並隨即清理現場，在原來的基礎上建造臨時中殿，並於一九四五年十二月完工。

這個臨時中殿一直使用到一九五五年才又再度重建。此時龍山寺設計者王益順與其姪子王樹發都已過世，最後由王樹發之子王世南繪製設計圖，按照原始設計略為修改之後，進行重建。工程交由台北著名的大木匠陳己堂以及廖石成兩位負責，他們都是台灣本土名匠陳應彬的徒弟。龍山寺中殿原本是一件泉州溪底派風格的作品，卻由兩位漳州派匠師來建造，這在台灣是少見的例子。所完成的中殿與戰前格局基本相同，若由外觀上看，新中殿的屋坡較陡，但同樣具有雄偉的氣勢。

中殿重建時，石台基仍保持原有形貌，欄杆按舊貌新作，柱子與牆壁等石材亦重新打造。其中光是外圈的迴廊，就有八根雕花柱、十四根圓柱。其中八根雕花柱中，張木成作正面中央兩根龍柱，蔣銀牆作兩根花鳥柱及右邊轉角兩根龍柱，左邊轉角兩根龍柱為蔣文浦作。像這樣把一件工程分成幾個部分，由不同的匠師來施作，匠界稱為「對場」，這種方式帶有競技的味道，促使匠師更用心製作。此次新雕的龍柱由兩大一小的龍圍繞而成，比起舊作要複雜了許多。

中殿的牆壁原本三面採用白磁磚貼面，重建時改以石材裝修，此石牆的設計相當精美，有一條腰帶將牆體分為上下兩堵，每一堵又在左右方向分為三堵，牆堵上刻有詩詞及人物故事雕刻，其中龍邊牆堵的線雕是張木成作品，請台南潘春源提供畫稿所作，牆上的八角螭虎窗也是張木成作品。與以往寺廟慣用的白粉牆或者砌紅磚方式不同，現在也成為龍山寺的特色之一。

其他部分，木雕為黃龜理、蘇海萍；剪花有陳天乞、朱朝鳳，彩繪則由台南的潘春源所繪，可以說，重建中殿的過程採用了許多匠師對場方式，也是光復之後匯聚台灣廟宇界眾多名匠，合力完成的重要作品。不過，彩繪與剪花近年又經過重新修繕，幾乎成為全新的作品了。

中殿重建完成之後，艋舺龍山寺總算又恢復了以往的風貌。一九五九年，再由溪底派大木匠王錦木設計建造了兩座亭子，立於中殿左右側，做為連接廂房的通道。如此一來，通往中殿時就不會受到日曬雨淋了。

一九四五年龍山寺中殿中彈燒毀

格局與造型——開闊的宮殿式格局

清代台北有三大廟門，即艋舺龍山寺、艋舺清水巖及大龍峒保安宮。一九一九年，由兩位台灣本土大木匠陳應彬與郭塔對場設計重建的台北大龍峒保安宮落成。格局宏偉，面寬十一間，前後共三進，中殿為獨立的歇山重簷殿堂，整體為宮殿式格局。此時，王益順也來到台灣，設計重建艋舺龍山寺。台灣寺廟建築向來有在建設上彼此競爭、互別苗頭的現象，在王益順設計艋舺龍山寺的時候，心底是否想著要建造一座能夠超越保安宮的作品呢？這個問題雖然沒有答案，但他所完成的設計方案，的確與保安宮非常類似，在造型上則更加秀麗，表現出主神觀音的女性特質。

宮殿式格局，又稱為回字形格局。在劉克明編著的《艋舺龍山寺全志》中，有如下記載：「本寺之再建築，地址仍舊，但所建築比前者更高大，且前者為寺廟式，再建者為宮殿式」，可見民間流傳宮殿式格局的說法。這種配置法將主要殿堂設在中央，四周環繞以前殿、後殿、東西廂房及過水廊等，形成回字形狀。宮殿式格局是傳統建築最講究的配置法，特色在於寺廟內有獨立的大型院落，四周由附屬建築包圍，凸顯出庭院中央主要殿堂高聳的氣勢，而且中殿前方空間寬敞，可同時容納更多信眾參拜，適合舉辦大型活動。也因此，回字形格局的中央殿堂通常採取歇山重簷頂造型。這種造型高度較高，構造較複雜，若周圍加上迴廊，則開間更寬、規模更龐大，較能表現出主要殿堂的尊貴地位。

和一般較小型的寺廟式格局相比，回字形配置需要較大的空間來鋪陳建築，因此多使用在文廟、官建

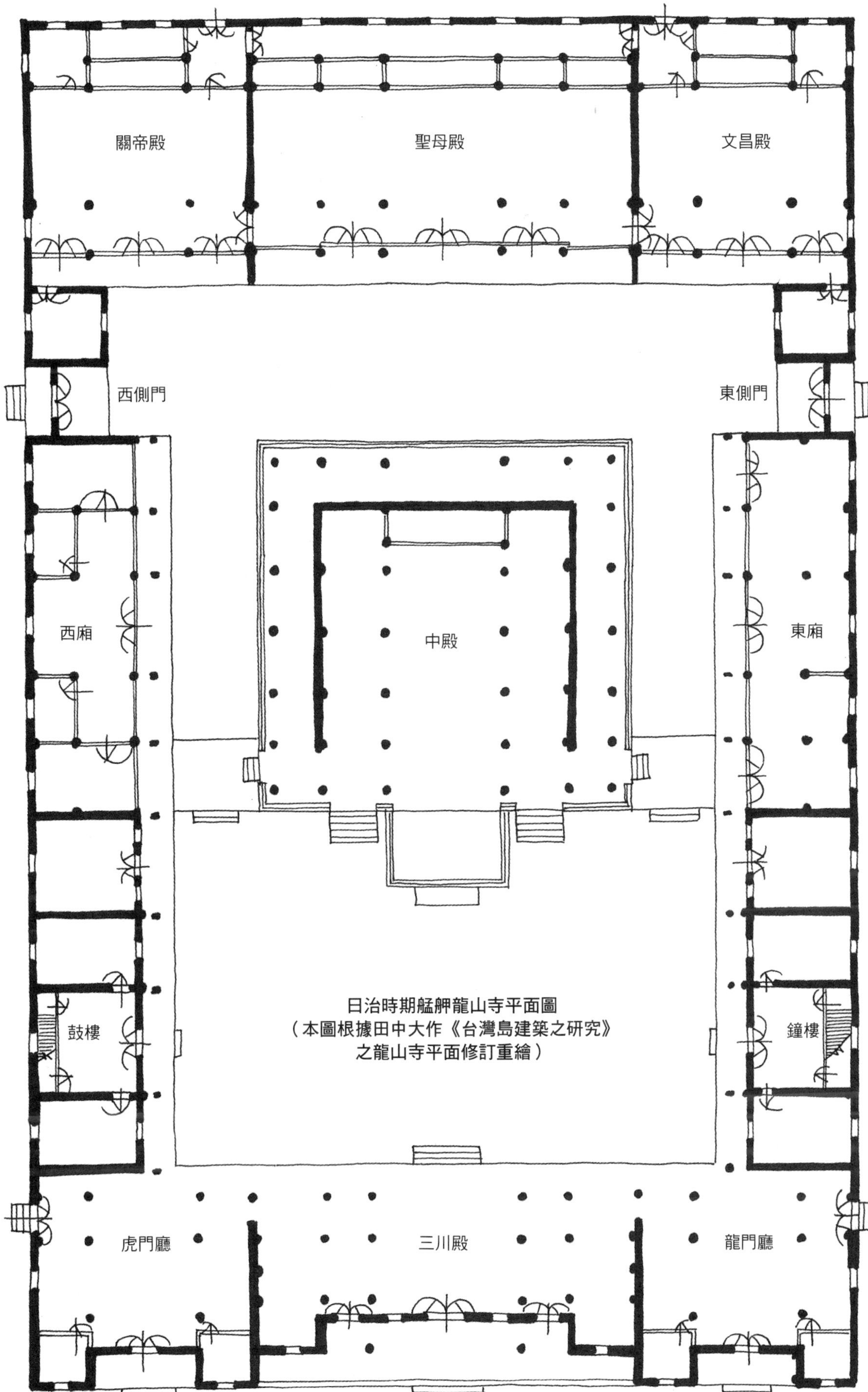

日治時期艋舺龍山寺平面圖
（本圖根據田中大作《台灣島建築之研究》
之龍山寺平面修訂重繪）

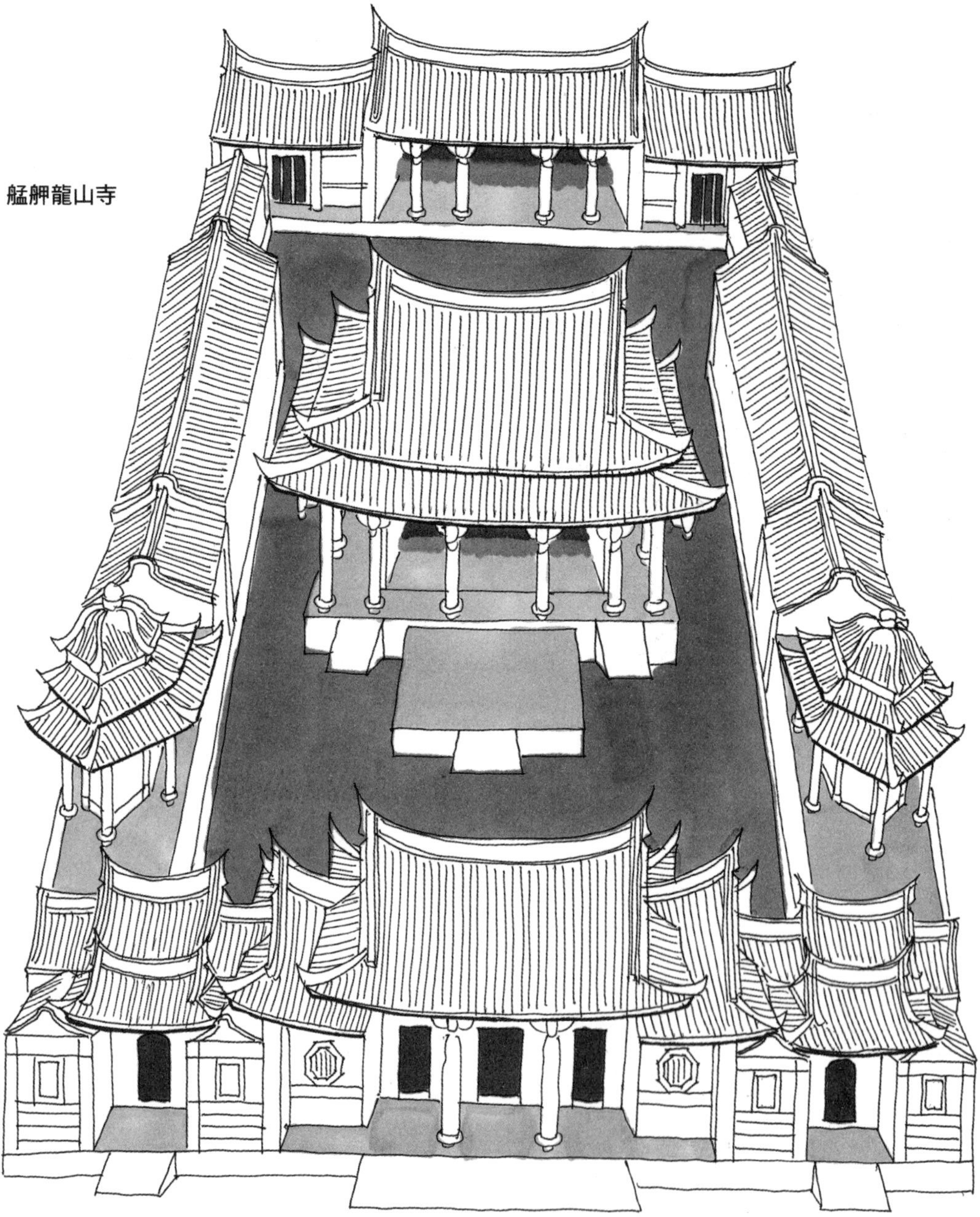

艋舺龍山寺

鹿港文開書院

大龍峒保安宮

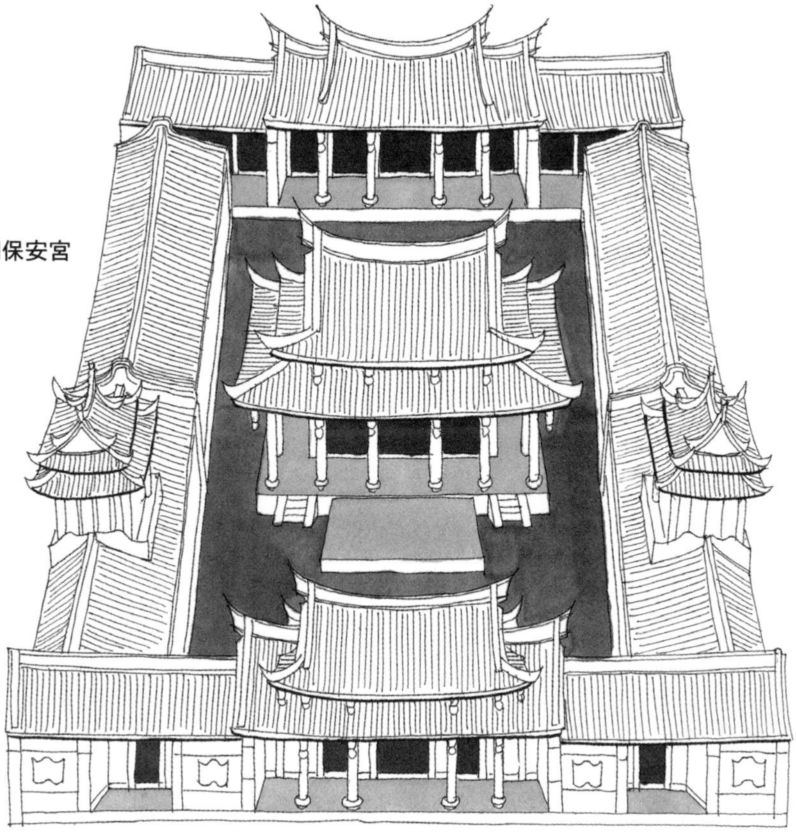

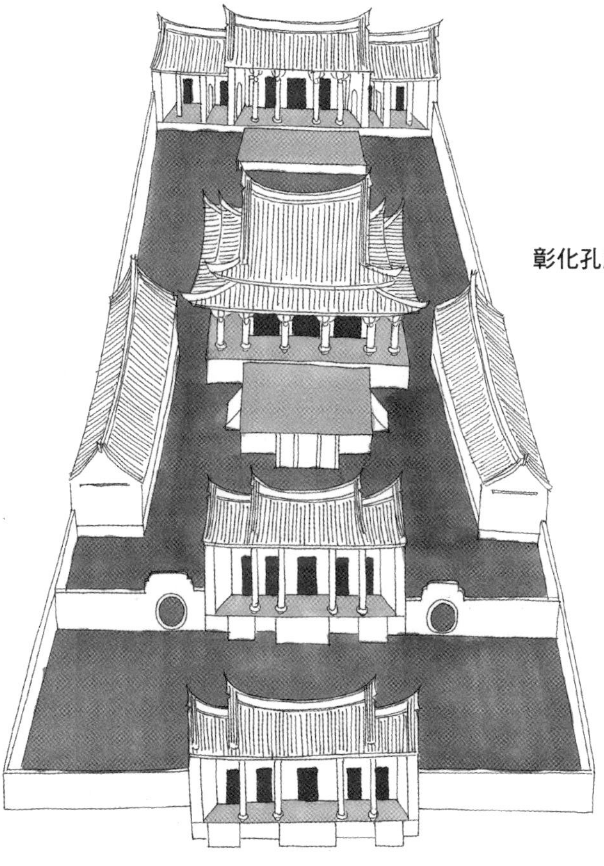

彰化孔廟

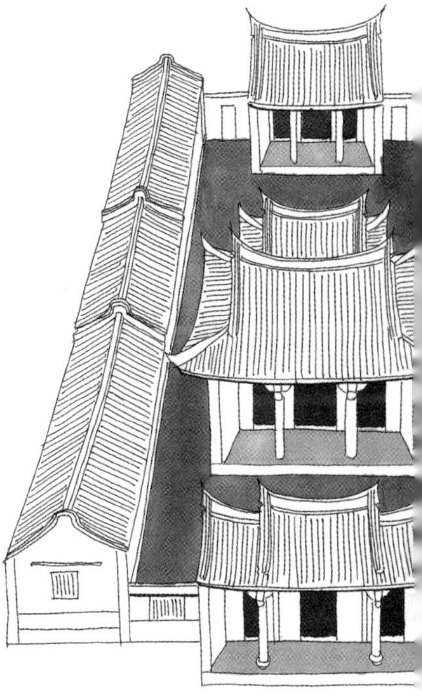

廟宇及其他大型的廟宇中。在台灣數百年建築歷史中，不乏採用回字形平面的例子，如明鄭時代的台南孔廟、清雍正四年（一七二六）的彰化孔廟、清道光四年（一八二四）的鹿港文開書院、清道光十一年（一八三一）的鹿港龍山寺。王益順的龍山寺設計方案，將原本「寺廟式格局」，升級成為「宮殿式格局」。

從造型觀點來看，建築群的組成必須有主從位序之分，造型也必須具有變化，才不至於顯得沉悶。因此除了平面尺寸、空間高度的調整之外，王益順在造型上也花了很多心思。光是屋頂的做法就有馬背脊、燕尾脊、歇山頂、歇山重簷頂、轎頂等。再搭配上各種變化組合，形成豐富的天際線，可說是龍山寺外觀最迷人的地方。

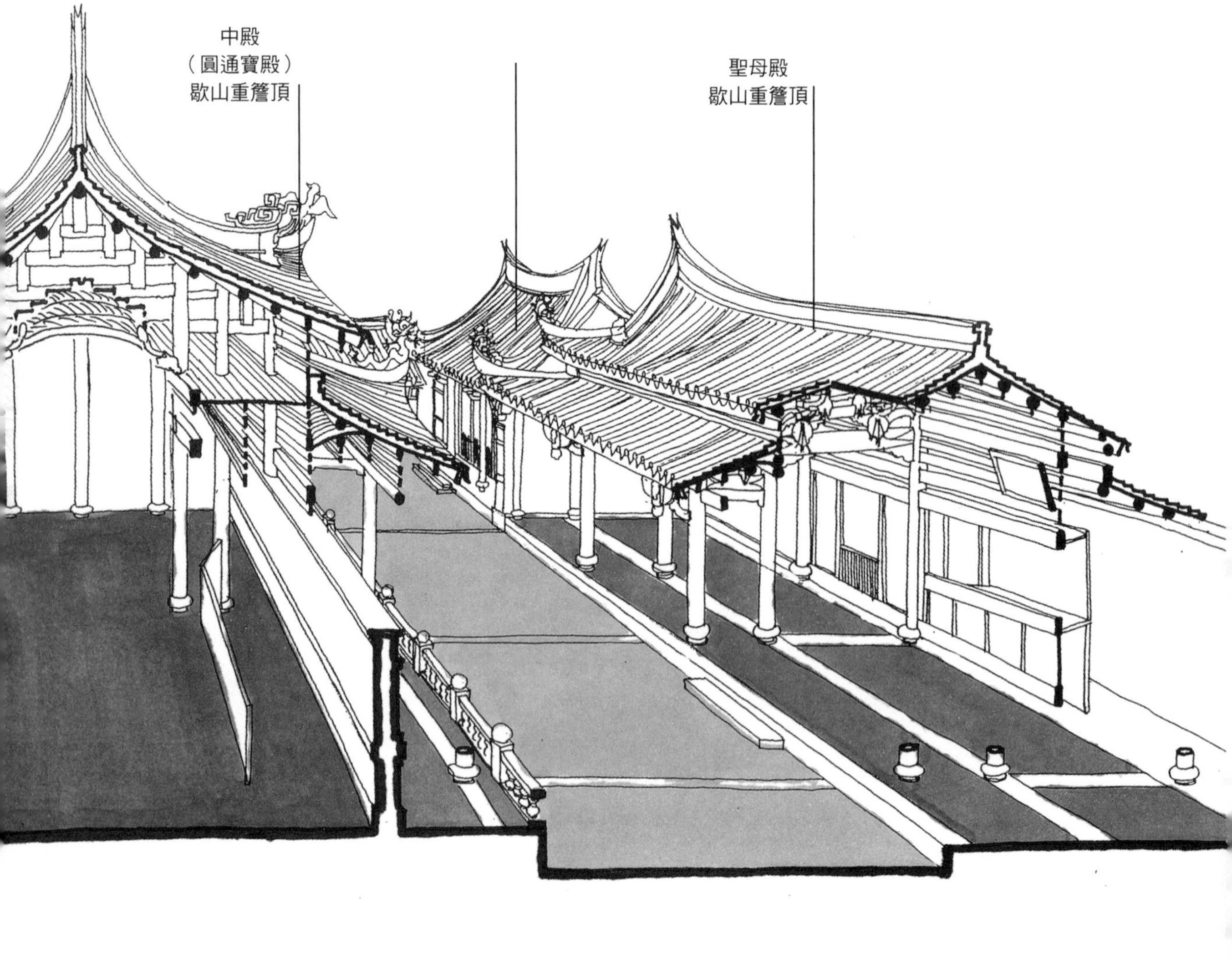

傳統建築各種屋頂樣式

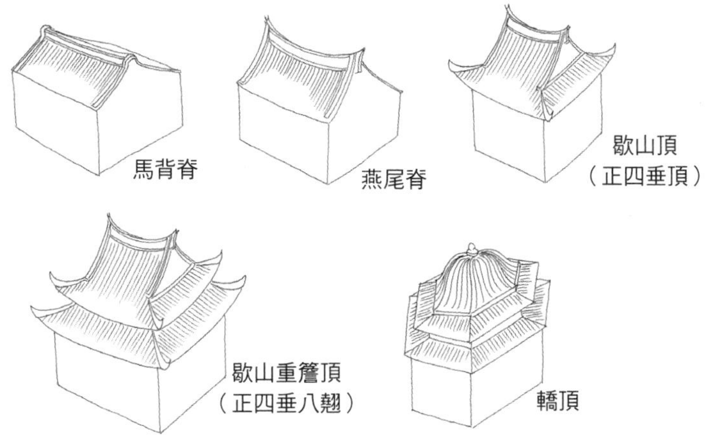

艋舺龍山寺中軸線剖面透視

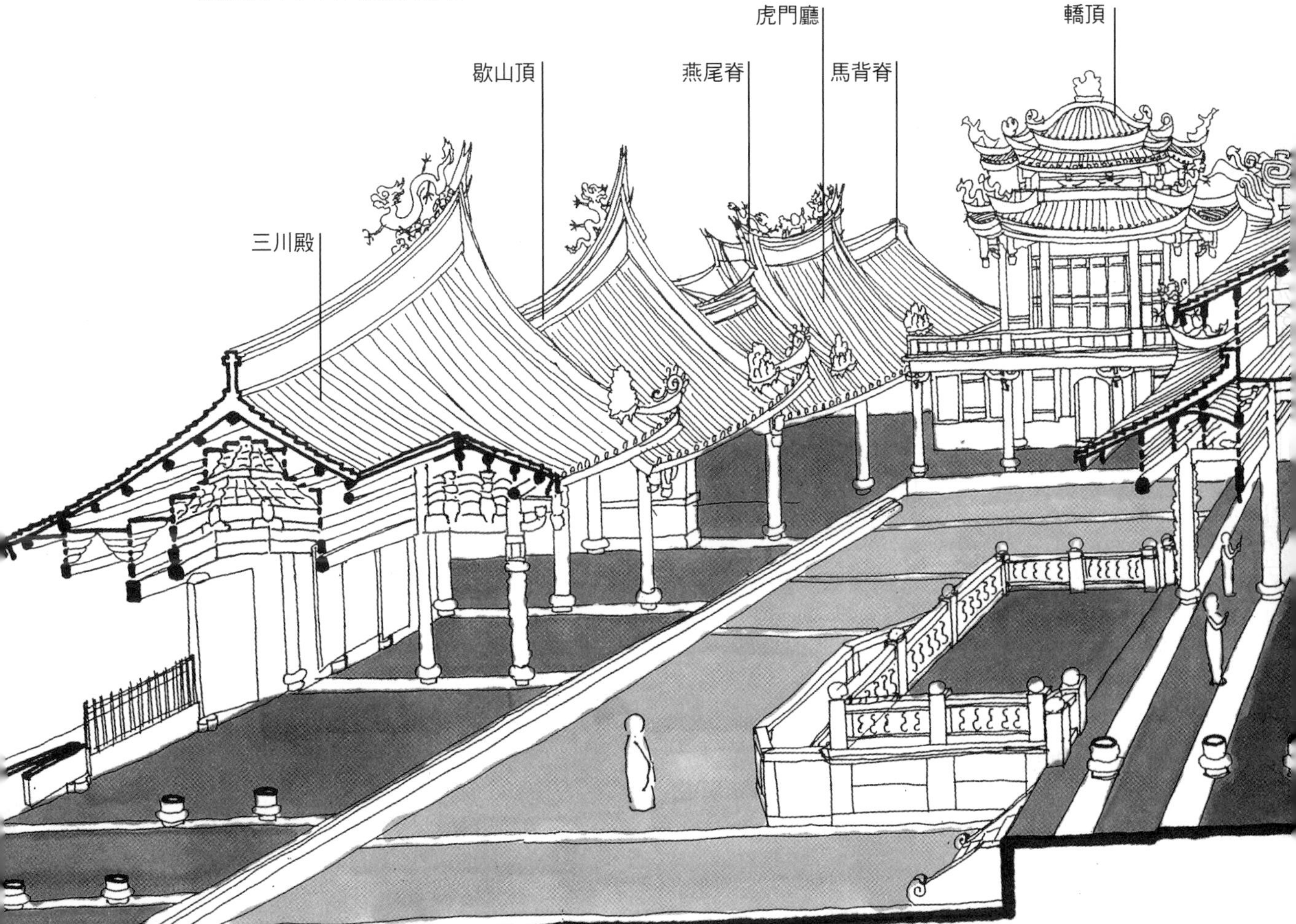

台基與地面——沉穩氣派之明證

建築物的興建，從基礎與台基開始。建築並不是直接放在地面上的，而是要先深入地下，以磚石作出堅固的基礎，然後逐層往上建造。在地平面以上看到的建築底部，稱為台基，一般做法是內部填土、表面貼石材或砌磚。台基建好之後，才能在上面建牆壁、立柱子。台基的功能，除了將建築物抬高以防水、防潮之外，還牽涉到比例美感問題，它讓建築物看起來比較穩重。越高大的建築，需要越高大的台基與之配合，在比例上才會勻稱。因此，一組建築群中不同大小的建築，各有不同高低的台基，主從分明，只要看台基前的階梯數，就可以略知這座建築的重要性。

在整個龍山寺建築群中，中殿台基是其中高度最高、作工最好的。台基側面以深淺兩色的石材拼組，台基上的欄杆採用西洋式花瓶造型，欄杆柱上則有石球裝飾。和其他台灣早期寺廟作品相較，龍山寺中殿的台基與欄杆更有整體設計美感，作工也更細緻。在中殿前

艋舺龍山寺台基

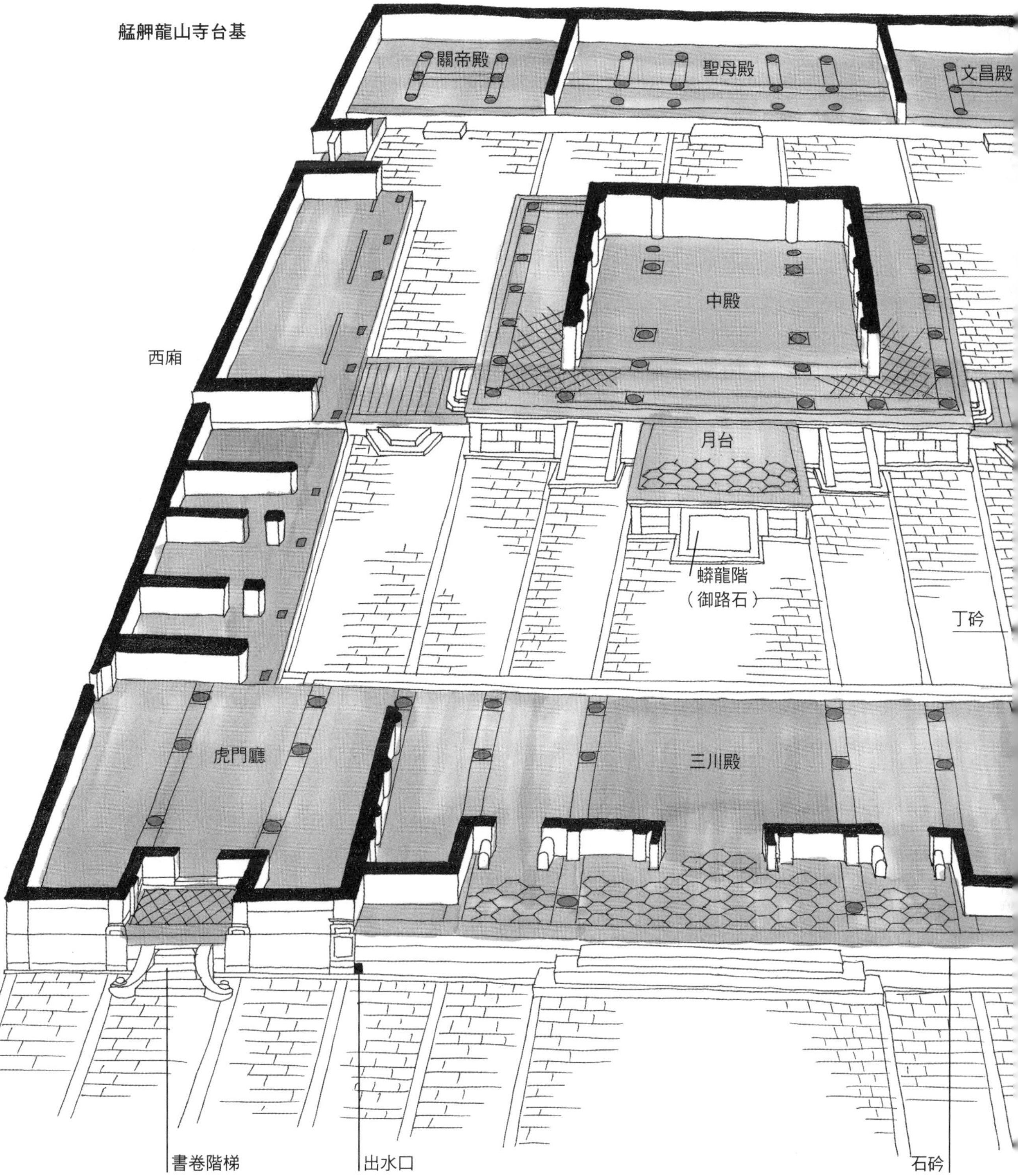

方，還有一塊凸出的方形台基，稱為「月台」，是做為祭拜、舉行儀式用的空間。「月台」前方則有一塊傾斜的「御路石」，上面雕有盤龍、鯉魚、山海等圖紋。在古代，大型的殿堂前方設有三座階梯，但中央一座不供行走，而是放置一塊龍紋石雕，供神明行走，稱之為「御路」，台灣匠師稱之為「蟒龍階」。實際能供上下的只有殿前左右兩座階梯，稱之為「左右階」，這是自中國周代傳下的古制，左階供主人行走，右階供客人行走，如今雖已不分主客，但台灣寺廟的主殿堂仍大多沿襲這個做法。

在清代，建築階梯多以簡單的方形石條堆砌而成，稍微講究的會在最上面一層石階作雕刻。而龍山寺各個台基邊的石階梯，做法比較偏西洋式。也就是在每個石階上都再作一層比較薄的凸出石板，並帶有線腳，三川殿中門前的石階就是這種做法。比較特別的是在龍虎門正面的階梯，設計成帶有優美弧線、向兩側開展的形式。這原本也是西洋建築中常見的階梯做法，但傳統石匠師將其巧妙地轉化為開卷形式，成為典雅的書卷形階梯。

艋舺龍山寺中殿台基與欄杆

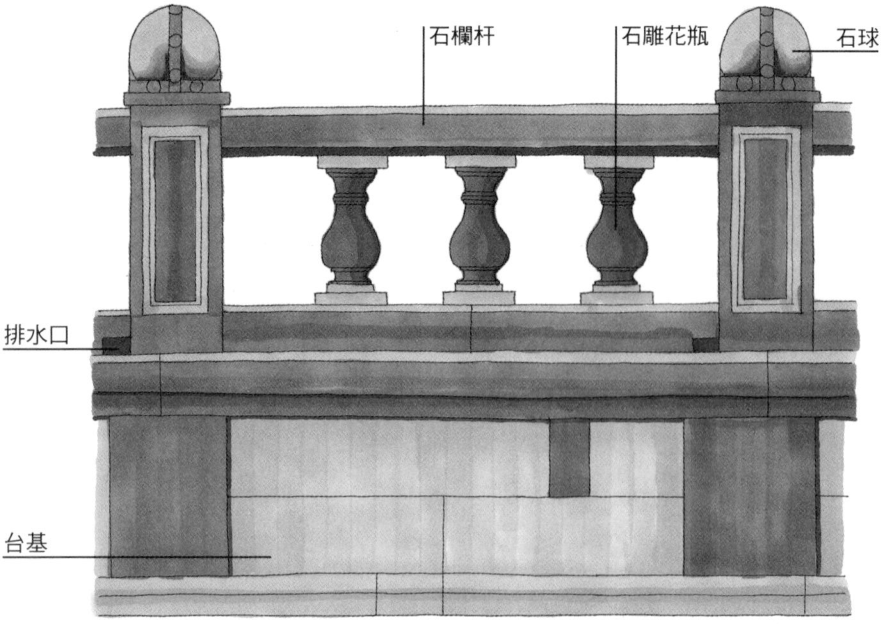

彰化孔廟大成殿台基與欄杆

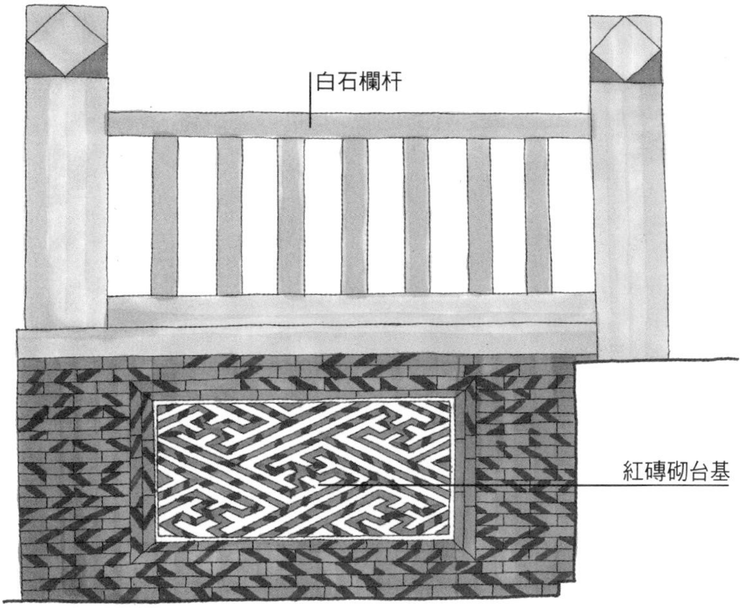

台南孔廟大成殿台基

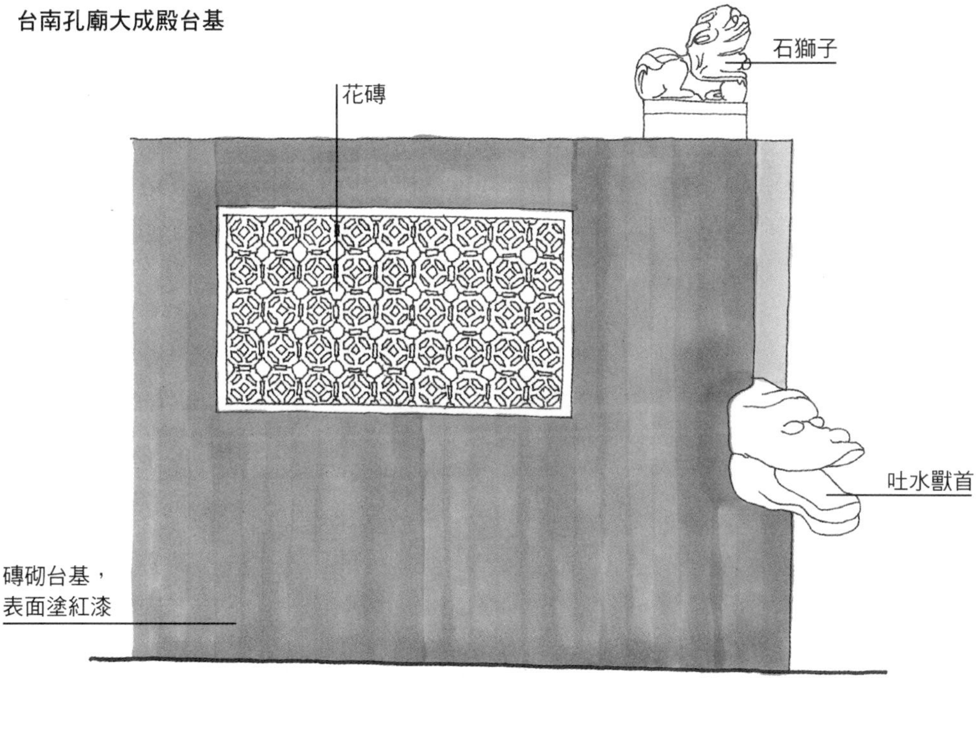

在台基邊緣，多採用大型的長條石材收邊，稱為「石砛」。早期由於石材自大陸運送來台，成本很高，因此有能力使用大塊石料，也成為一種表現氣派的方式。作石砛的材料，必須有一定的寬度與厚度，放在台基上，才顯得厚重沉穩。尤其是安放在建築正面出入口的石砛，還要選用特別長的料。我們可以在三川殿和龍虎門正面台基上，看到這種大塊的石砛。台基的表面，也就是地板，早期是以鋪紅磚為主。而在龍山寺，鋪地所用的材料比較多樣。除了紅磚之外，中殿的台基採用了黑、白兩色石材混合的鋪面，並且以八角形搭配方形的構圖，堅固又美觀，在以往的廟宇中相當少見。

除了台基之外，廟埕與天井等庭院空間，也用大片石板來鋪地，下雨時洩水的排水溝也和這些鋪地石條一起規畫。首先用「丁砛」石將庭院分出許多小區塊，再以長條石板鋪砌地面。院落四周則做出排水溝，將水往建築物前方導引，流經建築台基內設置的暗溝之後，再向外排出。在三川殿正面的台基下方，可以看到出水口。

幾種階梯做法

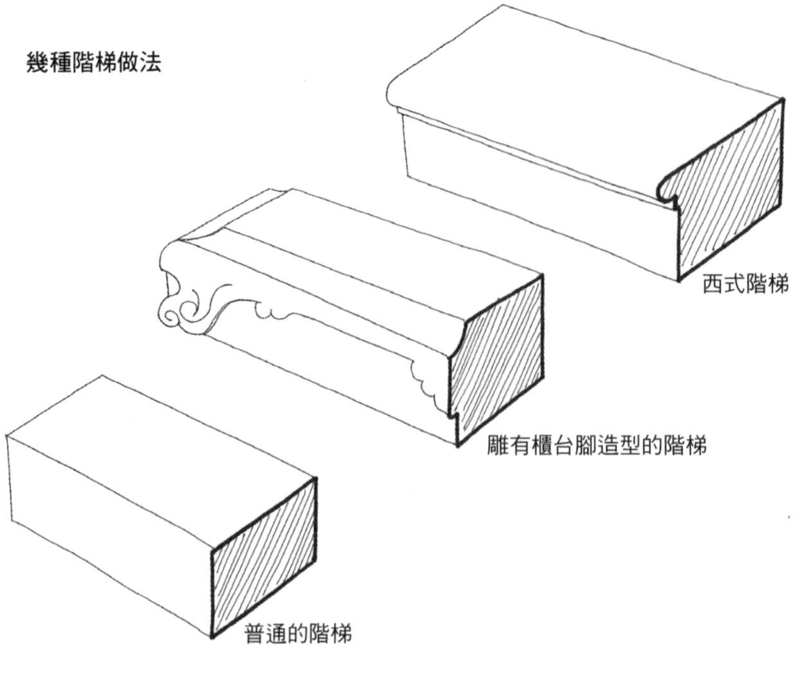

牆體——石材、紅磚與磁磚的典雅拼組

在台基之上，要繼續構築牆面。傳統寺廟的牆壁多具有承重功能，也就是承受屋頂與木構造的重量，因此要用磚、石等比較厚實的材料來建造。龍山寺三川殿與龍虎門，做為整個寺廟的門面，非常寬闊。正面牆壁以青石、白石搭配，在陽光的照耀之下，屋頂上色彩鮮明的黃色琉璃瓦，與木雕表面的金箔，明亮的白、灰牆體，一起閃耀著。這典雅富麗的外觀，是到訪者對龍山寺的第一印象。

仔細觀察這些牆面，是以上下分層的方式來設計，從最下方開始為腳座（櫃台腳）、裙堵、腰堵、身堵、頂堵（或稱為「水車堵」）等，層疊而起。建造這麼大面積的牆堵，若採用同樣的石材，顯得過於單調，因此設計者以青石、白石以及觀音山石混搭使用，青石與觀音山石主要用在需要細雕的牆堵部位，白石則用於門框、柱子，以及青石雕刻的周邊裝飾。以青石、觀音山石的沉穩與白石的亮白產生對比，形成高雅的色彩效果。此外，牆頂上的墀頭、水車堵等部位，一般廟宇會採用剪黏或交趾陶工法，在此也全都採用石雕，可說是完全以石雕表現出來的立面，在台灣寺廟建築中具有少見的氣勢。

白色花崗石又稱泉州白石，多用於台基及建築牆面；草綠色的青斗石質地堅硬細密、色澤亮麗，可做精細雕刻、又耐風雨，為石雕的最上等材料。觀音山石是台灣本土的石材，硬度稍低，但也是石雕的重要材料。

在龍山寺的側面和背面這些比較不顯眼的地方，採用紅磚砌牆。紅磚與灰白色的石材搭配，具鮮明對比，是台灣傳統建築的典型配色。這裡的磚牆採用

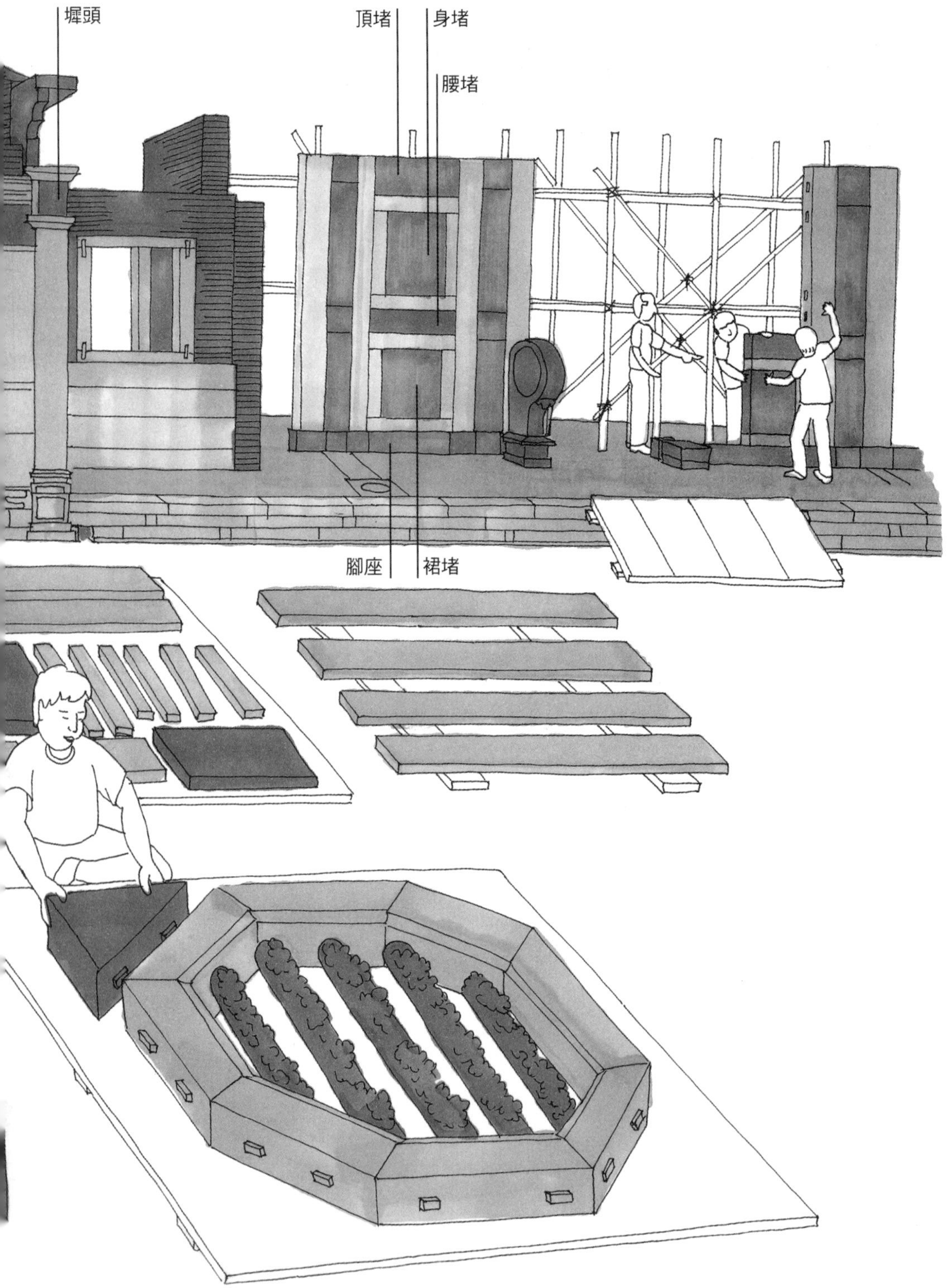
墀頭
頂堵
身堵
腰堵
腳座
裙堵

龍山寺三川殿的石材施工

廂房側面砌顏只磚牆

了較美觀的斗仔砌法，也就是表面用一橫一豎堆疊的紅磚，內部再以泥土石料填實，這種做法可以凸顯出紅磚溫潤的顏色，並且和單純的層疊砌法相比，具有構圖上的變化性。此外，這些紅磚側面帶有條狀的煙灰，是在燒製過程中加入油脂較多的松木，形成煙灰附著於磚體上，稱之為「顏只磚」或「燕尾磚」。在砌築磚牆的時候，這些煙灰就會形成交錯的圖紋，非常漂亮。

從龍虎門正面與側面轉角處觀察，可以發現正面石材的厚度其實也只有十幾公分而已，其餘內部則為磚牆。像這樣以磚牆做為主要結構體，表面再貼石材作裝修，不但可以節省石料，而且也比較堅固。製作的時候，必須在磚牆與石材之間留出縫隙，並填入灰漿做黏結，如此才會牢固。光復之後重建的艋舺龍山寺中殿牆壁，也採用這種內磚外石的形式。

除了石材、磚材之外，在一九二〇年代改建的龍山寺，還引入了當時非常流行的白色磁磚。這種由日本人所引進，用於近代建築上的牆面裝修材料，在一九一〇年代就已經開始流行，在二〇年代改建的龍山寺因此也大量採用，廣泛用於中殿、廂房以及三川殿等牆面。不過，經過戰爭損毀以及多次的整修之後，目前只能在三川殿兩側龍虎門入口，以及三川殿內部牆壁上見到。這些磁磚雖然都是白色，但款式很多，有方形、長方形面磚，以及收邊用磚，連三川殿內牆上的八角窗，都以磁磚仔細收邊，表現出日治時期優異的磁磚燒製工藝。

石雕——多樣的雕刻技法

龍山寺三川殿讓人嘆為觀止的正面石牆堵，除了配色典雅之外，表面還有許多優美的雕刻，數量之多，堪稱一絕。自古以來，石雕裝飾就是台灣寺廟建築中不可或缺的元素。大多數石雕作品都製作在廟的正面，由此就可以看出它受重視的程度。

龍山寺的石雕，主要是一九二〇年代大改建時，由泉州惠安蔣氏石雕家族以及台灣本土辛阿救等，共九位石匠師共同完成。最精彩的石雕藝術主要表現在三川殿正面上，主題有三國演義、忠孝節義等人物故事，也有舞龍舞獅等喜慶題材。這些人物作品非常生動，臉部表情及衣褶刻畫入微，姿態生動有力，整體構圖緊湊而不紛亂，可說是石雕人物的上乘作品。除了人物故事之外，還有許多傳統與西洋風味的裝飾題材，如龍虎門的門框，以石材雕出西洋柱以及拱門樣

石雕水車堵

石雕舞獅

石雕舞龍

石雕西洋柱頭

式；三川殿背面的柱子上，採用了石雕的西洋柱頭，據李乾朗的研究，這可能是台灣廟宇中第一處採用西洋柱頭的例子。而廂房背立面的石窗，也是西洋式。傳統與西洋題材的結合，可說是日治時期傳統建築裝飾的一大特色。

龍山寺石雕的手法也有很多種，從最簡單的線雕、沉花、剔底雕，到複雜的浮雕、透雕等都有運用。通常在一面牆上，會採用幾種不同的雕刻法搭配，才有好的對比效果，並襯托出主題。從龍虎門正面的石牆來看，中央是以青石雕刻的人物窗，這是整片牆的中心，採用前後多層次透雕的手法，匠師稱之為「透弄」；四周的窗框，用的是白石，作剔底雕，也就是將背景挖深，讓圖紋能夠浮顯出來；框的上方，採用簡單的平面線雕，以繪畫來說，就是用線描方式，單純地表現圖樣。框的下方，則不做任何裝飾，是一種畫面留白的效果，正因為有空白，才更顯出石雕紋樣的美感。這些石材在雕造完成後，還必須能緊密地組合起來，這有賴於每片石材邊緣的仔細加工，匠師稱之為「打平直」。按照以往的要求，接縫處必須密合到能夾住一根頭髮才行，可見石匠施工的嚴謹程度。

簡單的平面雕刻，除了線雕之外，還有一種將主題陰刻的手法，稱為「水磨沉花」，會在陽光照射

樵夫繫鞋（水磨沉花）

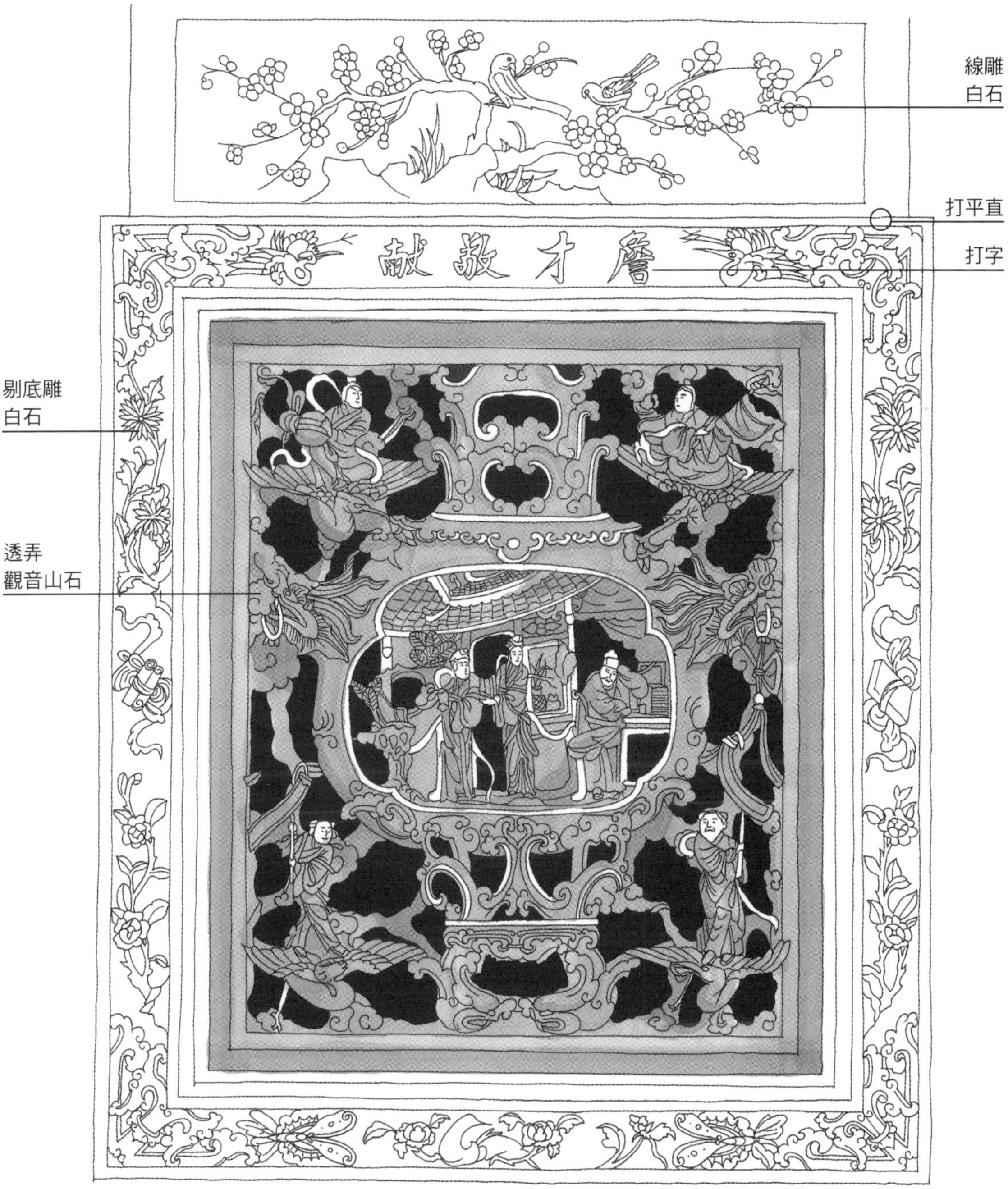

線雕
白石
打平直
打字
剔底雕
白石
透弄
觀音山石

螭虎團爐窗

半浮仔技法

之下，表現出一種立體而素雅的美感，這種技法在龍虎門入口兩側牆上可以見到。還有一種淺浮雕，稱為「半浮仔」，將主題以半浮雕的方式雕出，一般用在位置比較低，或者次要的位置。

除了牆堵的雕刻之外，還有立體的「圓雕」，或稱為「四面見光」。龍山寺內部許多雕刻精美的柱子，就屬此類作品，有單龍柱、雙龍柱、花鳥柱、人物柱、龍鳳柱等，種類很多。這些帶有雕刻主題的柱子，直徑比一般柱子大上許多，主要用在建築正面或者四個角落。其餘部位用較簡單的圓柱、方柱、八角柱等，如中殿周圍的步口柱就採用圓柱，廂房正面的柱子則為方柱。有些柱子還會選擇適當的方位，刻上柱聯文字，匠師稱為「打字」。

原本在一九二〇年代建造的中殿正面，有一對由台灣龍柱名家辛阿救所雕的龍柱，可惜隨著中殿燒毀而不存在了。現存一九二〇年代的石雕柱作品，可以三川殿背面一對步口龍柱為代表，用的石材為青斗石，雕刻出來的線條流暢，並充分表現出龍身的肌理與血脈，簡潔有力。龍身上還配有八仙人物，是近代龍柱的上乘佳作。龍柱兩側有一對花鳥柱，落款蔣細來、蔣豐源。另外，在聖母殿正前方所立的人物柱，主題為「郊遊記趣」，雕刻出山石景色、過往旅人等，則是少見卻深具特色的主題。

仔細觀察艋舺龍山寺三川殿的牆堵石雕，還有一個特點，就是運用「畫墨水」的工夫。這是一種以黑色墨水畫出退暈效果的手法，將原本只有單色的石材，巧妙而含蓄地表現出明暗深淺，讓石材更具立體感，是傳統石匠師必須具備的手藝之一。除了畫墨水，石材表面還用了白線描邊，稱為「白粉線」，以及貼金箔、安朱紅、綠色、水色（藍色）等彩繪技巧。就石雕紋樣畫出細膩的白邊，使得整體輪廓更明顯，層次更豐富，並用金色增添亮麗的感覺。這些為石材增添裝飾的手法，在龍山寺三川殿的青石、白石等雕刻上都可以看到。龍山寺石雕可說是此種技法應用的典範。

三川殿背面龍柱，蔣細來作品

三川殿——台灣廟宇門面新典範

三川殿是艋舺龍山寺的第一進，也就是前殿。做為寺廟的門面，也是主要的出入口，王益順花費很多心思在三川殿的設計規畫上。首先，從整個建築的外型來看，三川殿與左右的龍虎門並立，顯現出開闊的氣勢。在古代，建築的地位和正面寬度是有關係的，衡量的基準稱為「開間」。兩根柱子之間稱為一個「開間」，柱子越多，開間數也越多，代表著建築的規模越大，建築等級也越高。龍山寺三川殿本身的格局是五開間、開三門，加上兩側的龍虎門，總共寬達十一開間，開五門。像這樣的規模，只有在大廟才看得到，如清代的鹿港龍山寺、台中大肚磺溪書院。但光是規模大還不夠，在艋舺龍山寺，龍虎門的高度被刻意壓低，遠低於中央的三川殿，藉此襯托出三川殿的尊貴地位。王益順以這樣鮮明的對比效果，成功地

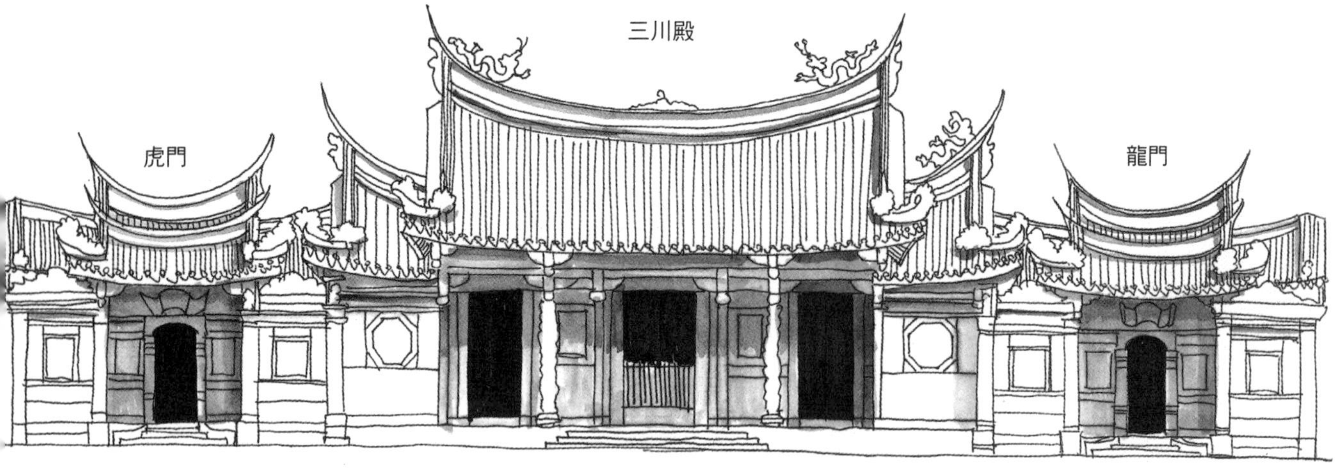

艋舺龍山寺第一進正面（五門十一開間）

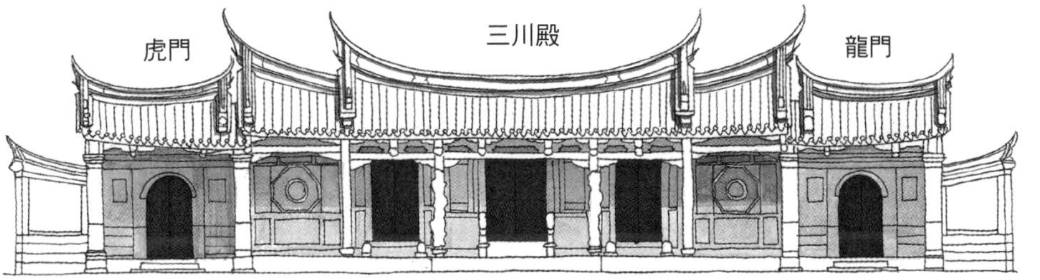

鹿港龍山寺（五門七開間）

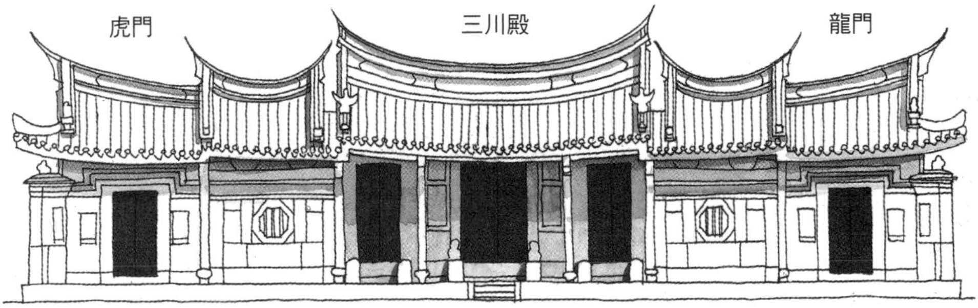

大肚磺溪書院（五門七開間）

為龍山寺塑造出一個氣派的門面。

三川殿本身的設計，也有幾項特點。第一，在平面規畫上採用「雙凹壽」設計，也就是在中央入口處作兩層向內退縮的處理。這個做法增加了正面層次，也強調入口位置，比一般寺廟僅有一層凹壽的做法要來得生動；第二，從正面寬度來看，中央明間寬約七公尺，高度約四點四公尺，尺寸比起一般廟宇要大得多，因此顯得特別開闊；第三，屋頂採用了「正三川四垂八翹」，這是一種非常複雜的屋頂造型，做法是將一個歇山頂的中央抬高起來，另外再作出一個歇山頂。從正面看上去，屋簷到了中間斷開，往上抬高，讓整個屋頂上的屋脊高達十九條之多。

從結構上來說，把屋簷斷開往上抬高的做法，又稱為「斷簷升劍口」，將中央三個開間寬度的屋頂往上抬高，形成中央高、兩側低的外觀。在設計特

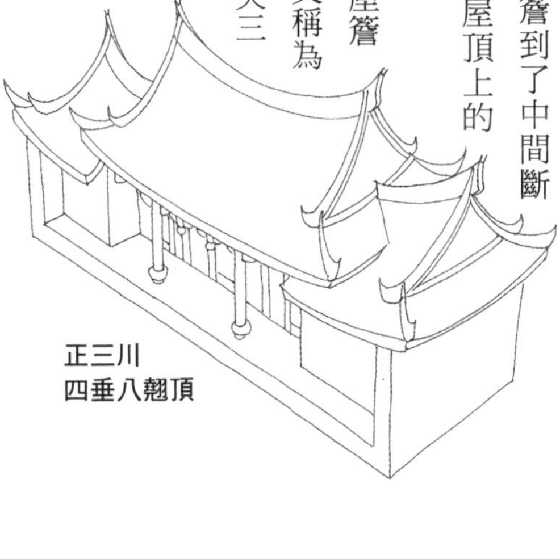
正三川
四垂八翹頂

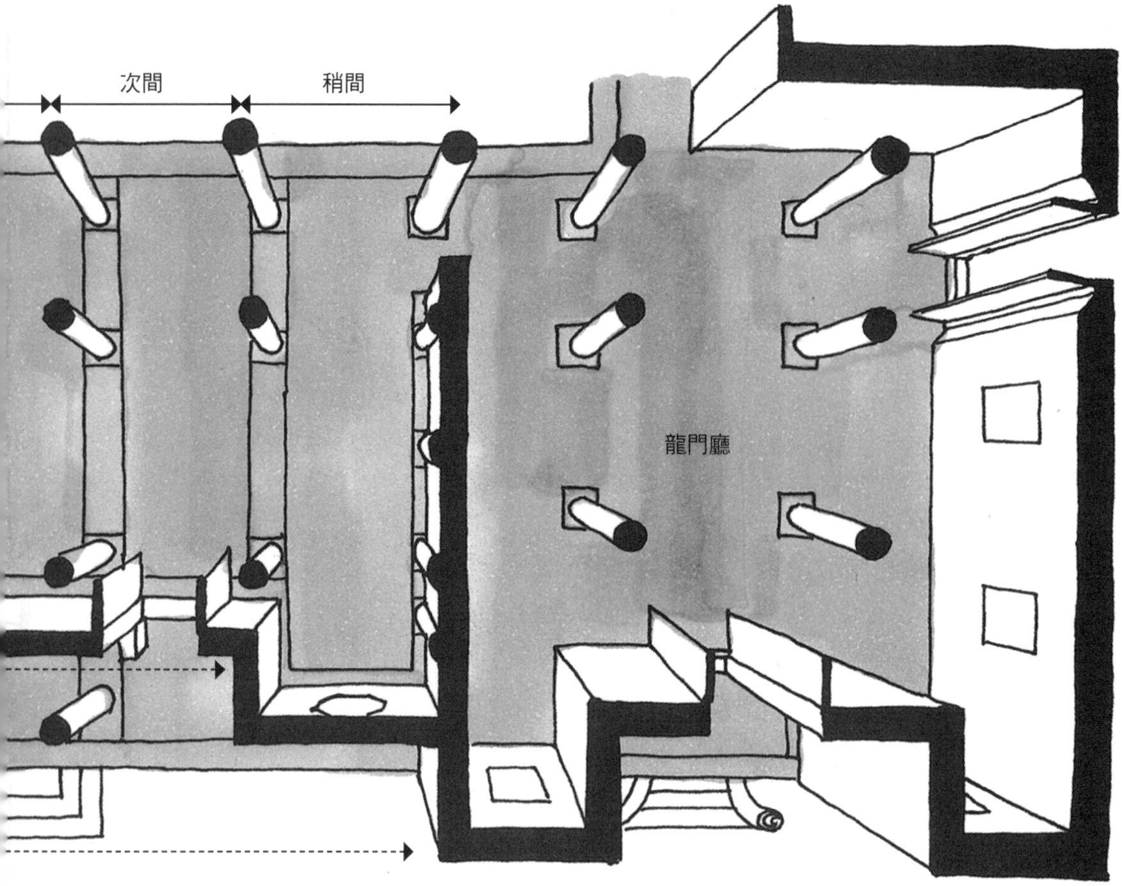

別大的屋頂時，這個方法可以減少屋頂的沉重感，增加構圖變化。「斷簷升劍口」這個做法，早在清道光十一年（一八三一）建造的鹿港龍山寺戲台就已經出現過。彰化地區很多廟宇也都有應用，比如彰化市的威惠宮、元清觀、慶安宮等。但是和這些早期的作品相比，艋舺龍山寺三川殿的屋頂抬升高度較高，且中央的寬度比兩側大很多，形成極佳的對比效果。

從內部空間來看，由於中央跨距很大，並且刻意將高度抬高，因此殿內中央顯得相當寬闊，殿堂背面作成開放式，僅有柱子，沒有牆壁，因此在殿內可以清楚地望見中殿和整個中庭。像這樣兩座廳堂開口前後相對，稱為「對看廳」格局。也就是說，神明從中殿裡頭看向三川殿，信徒則由三川殿看向中殿，此為「對看」之意。像龍山寺如此香火鼎盛的寺

彰化元清觀

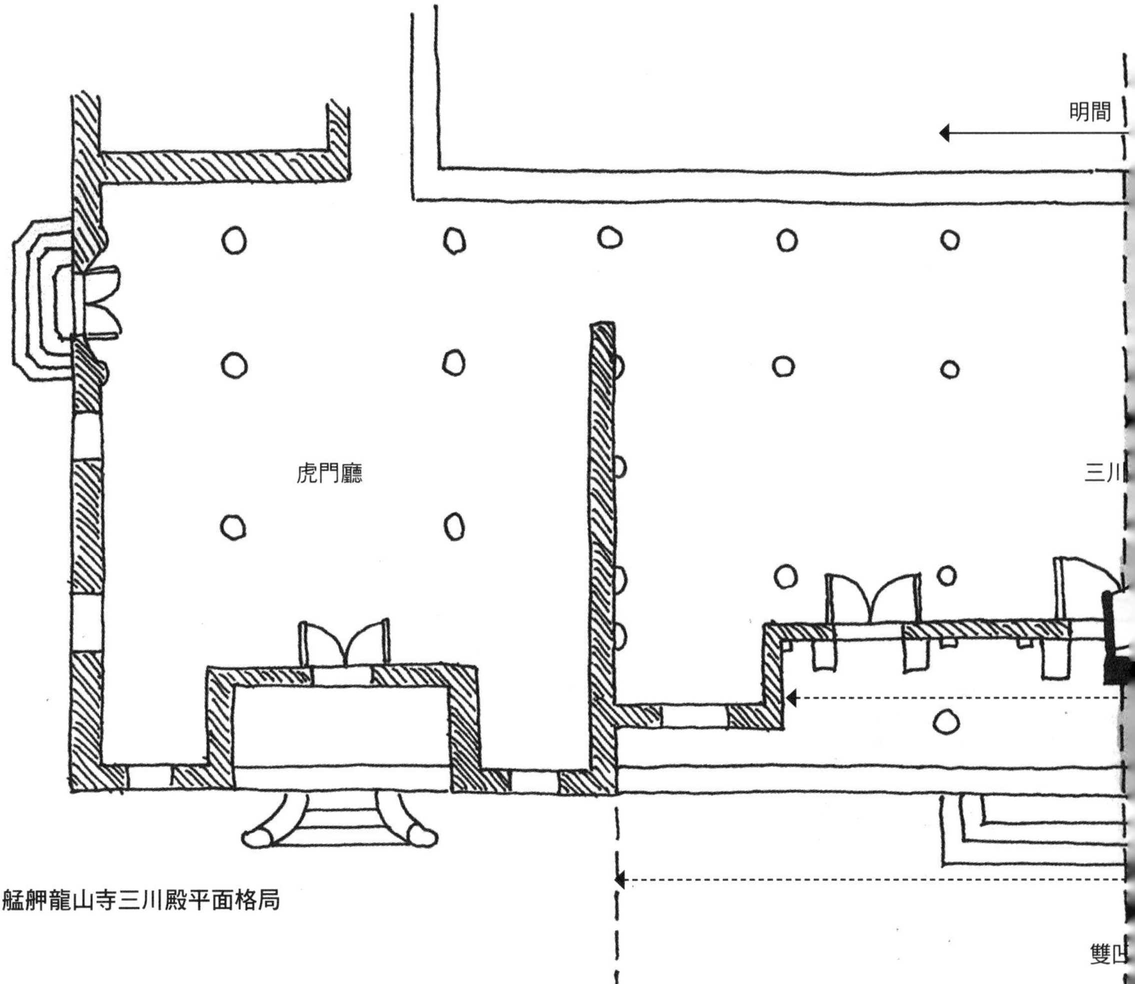

艋舺龍山寺三川殿平面格局

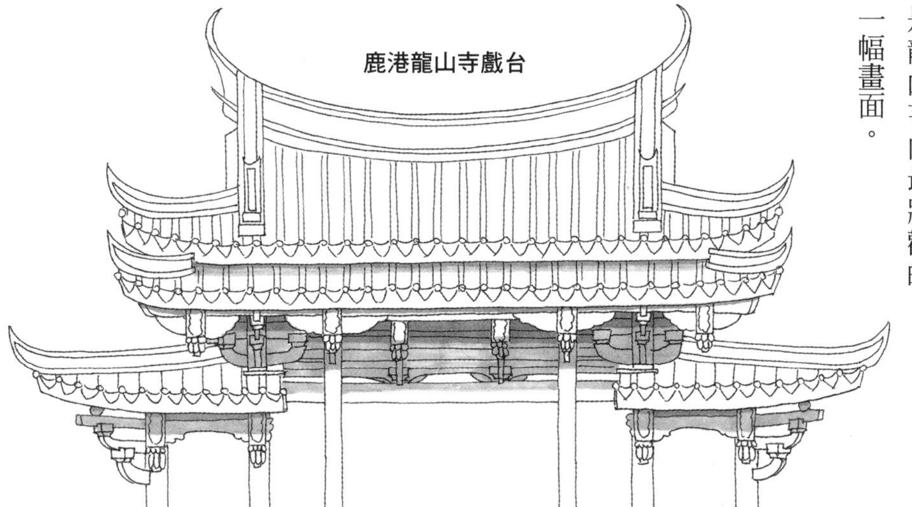
鹿港龍山寺戲台

廟，需要很大的參拜與日課空間，與中殿遙遙相對的三川殿，如今隨時都匯集眾多信徒在此禮佛。而由三川殿內看向由廂房和鐘鼓樓所圍繞的高聳中殿，可說是龍山寺內最壯觀的一幅畫面。

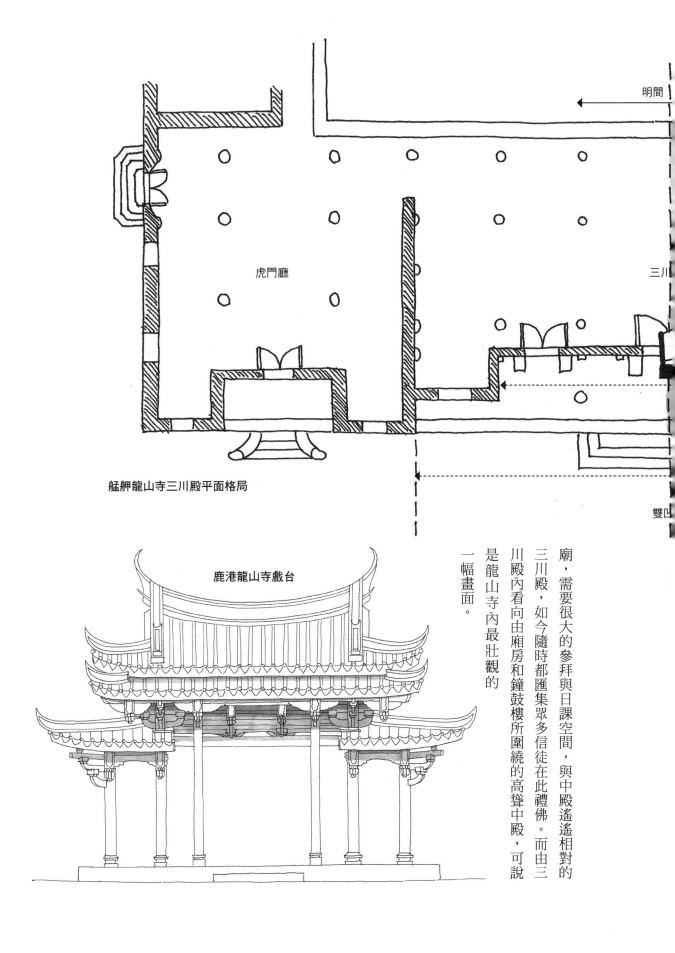

次間（小港間）
稍間

從三川殿內看中殿：對看廳格局

三川殿的大木作——華麗莊嚴的木作風格

三川殿正面的屋簷下，密布了許多線條優美的斗栱，這些斗栱表面上油彩，底部貼金箔，在陽光下發出多彩的光芒。走進殿內，還有精美的棟架、排樓、藻井、平頂天花和各式各樣的斗栱。我們在這裡能夠

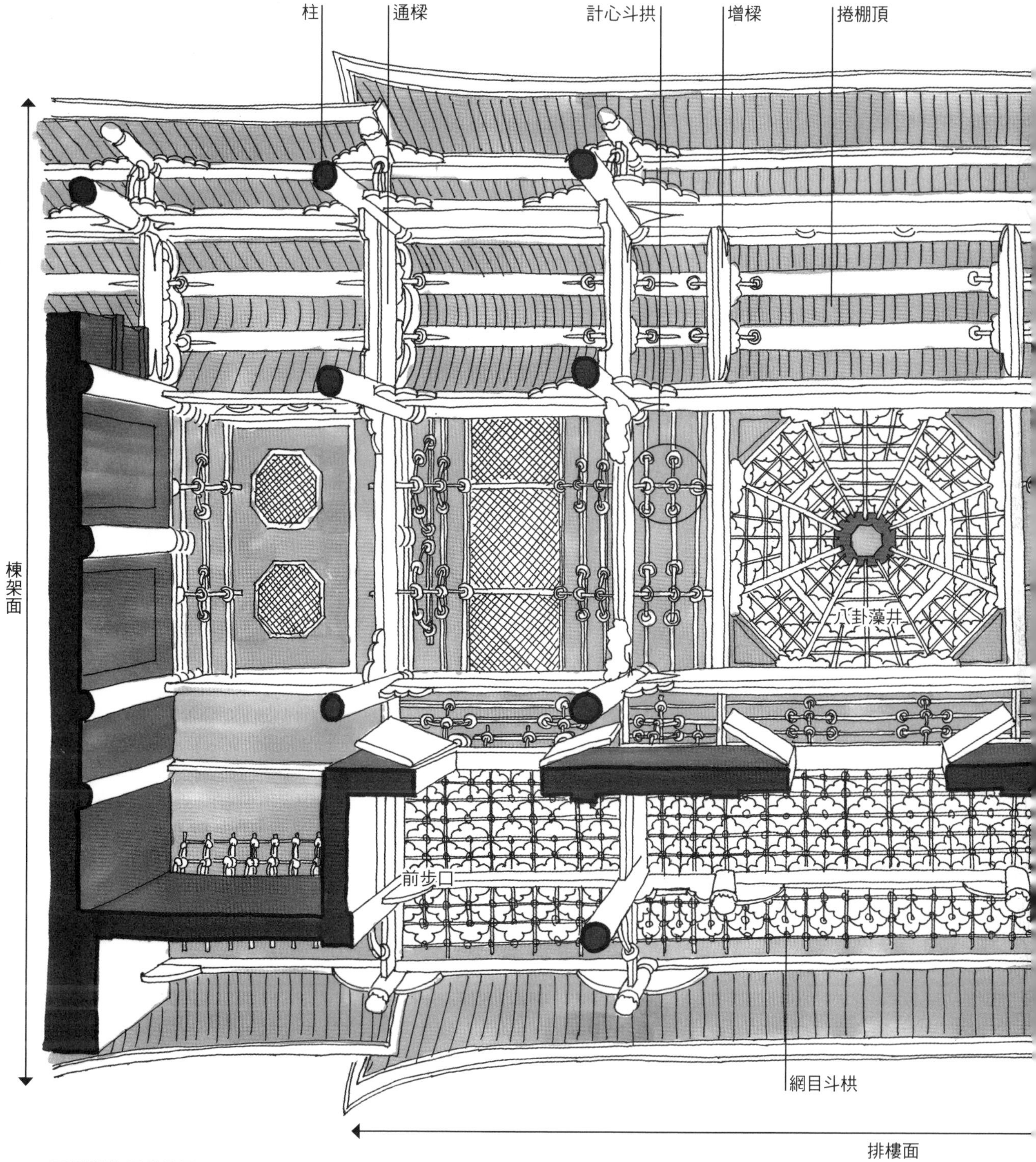
柱
通樑
計心斗拱
增樑
捲棚頂
棟架面
八卦藻井
前步口
網目斗栱
排樓面

三川殿內天花全景

看到的，幾乎囊括所有台灣曾經出現過的大木構造技法。王益順很巧妙地把它們融合在三川殿內，充分表現出傳統木建築的結構美。且整體效果華麗而不瑣碎，不但滿足了信眾對於廟宇精雕細琢的喜愛，又透露出龍山寺做為一座佛教寺院的莊嚴肅穆。

三川殿內的莊嚴氣氛來自於天花板與藻井。在王益順設計艋舺龍山寺前，台灣傳統寺廟的殿堂內，很少採用藻井和天花板，而是將支撐屋頂的棟架露出來，在殿堂內可以直接看見斜屋頂，這種方法稱為「露明造」。這時候，由通樑、斗栱、瓜筒、束木、束隨等組成的棟架，就必須仔細雕琢，王益順在龍虎門內，採用了露明造手法，在三川殿內則用天花板和藻井。採用天花板之後，棟架被蓋住看不見，此時就改以斗栱組作裝飾，表現出一種規格化、理性的結構美。天花板還可用以控制室內高度，在兩側用高度較低的平頂天花，中央用高聳的藻

龍虎門內的露明造棟架

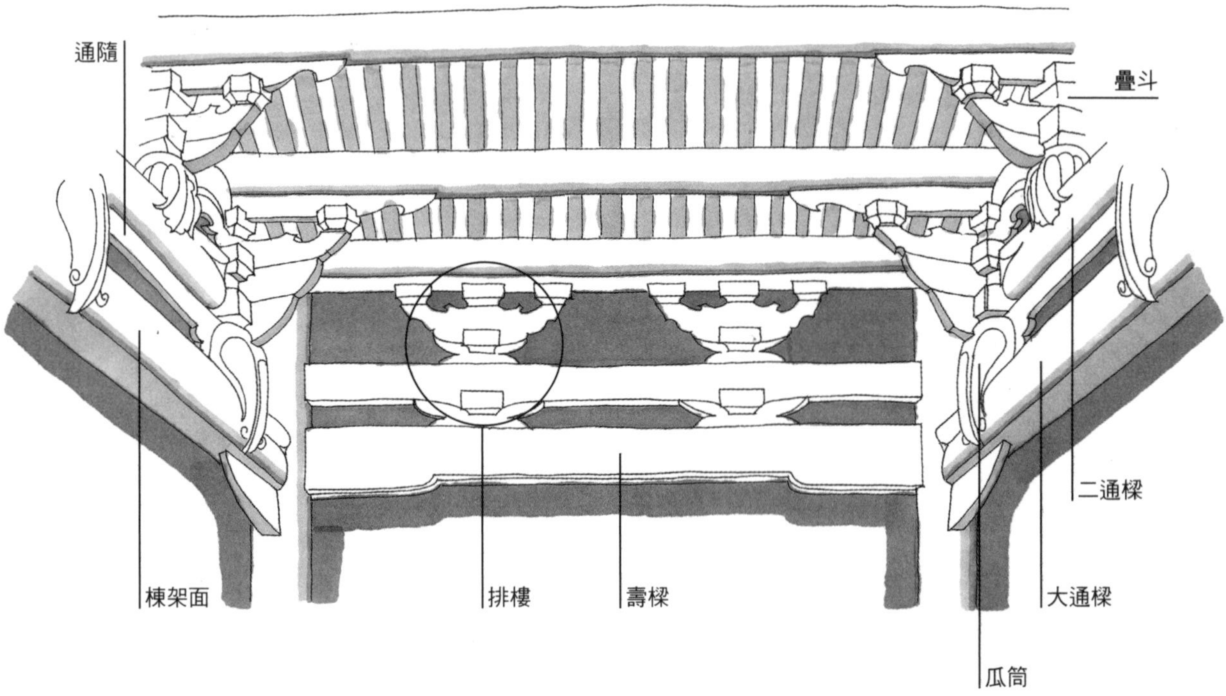

井，表現出空間的尊貴性。

殿內正中央的八角藻井，被稱為「蜘蛛結網」，這是因為組織細密而得名。它的頂端放置一片木板，稱為頂心明鏡，以彩繪畫上八卦圖案。藻井是由許多細小的如意斗栱層疊起來的，這些小斗栱因為形似如意紋，而稱為如意斗栱。如意斗栱不但被用在八角藻井內，整個三川殿正面的屋簷下，也都用了這種線條優美的斗栱作裝飾。

斗栱可以說是傳統建築中，最有特色的一種結構。它是由一個個形似小碗的斗，和一根根伸直的栱，巧妙組合起來，就好像手臂和手掌的關係一樣，每伸出一根栱，稱之為「一跳」。斗和栱可以各種方式組合，因此種類很多。可以單由一個方向組成，比如排樓面，就是以斗和栱單純地往上疊起來作成的；或者從柱子伸出，作成「出跳」來支撐屋簷，這稱之為「插栱」，是台灣建築的一個重要特徵。

三川殿明間的八角藻井

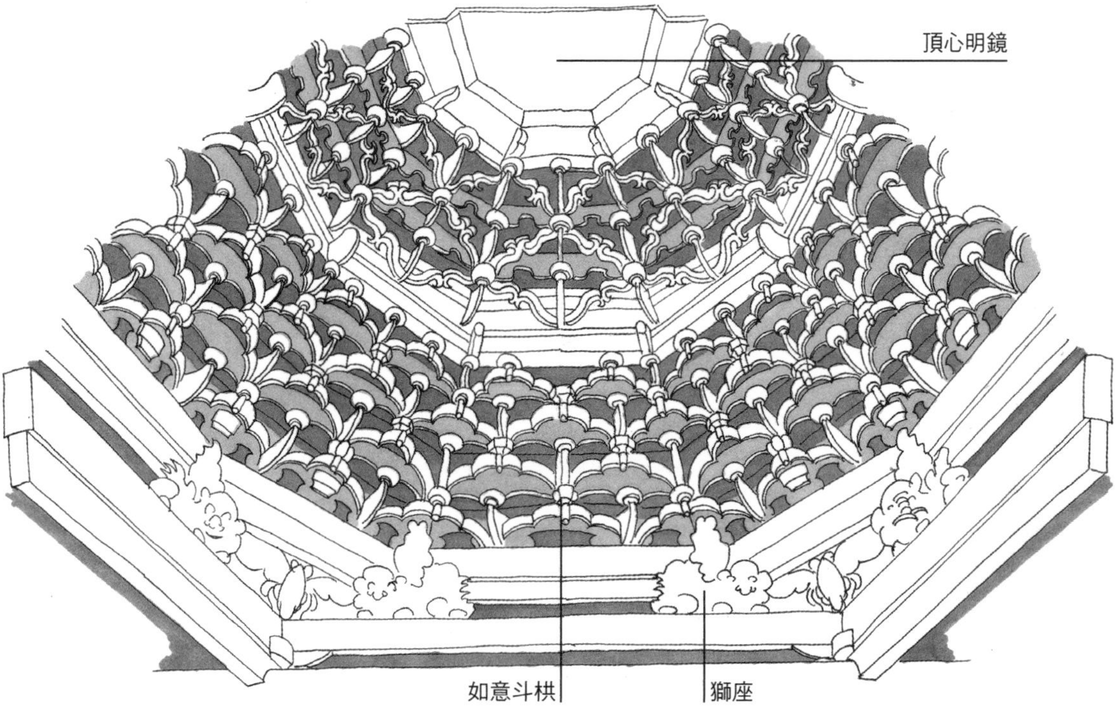

斗栱也可以從垂直、水平兩個方向組合起來，成為一種比較穩定的結構。比如在排樓斗栱中，再垂直跳出斗栱組。另外，一組斗栱在兩個方向出跳，則稱為「計心造」斗栱，除了穩定外，也帶有結構美感。在三川殿次間的平頂天花板中，就出現這樣的結構。

更複雜的，就是由垂直、水平、四十五度角（斜栱）三個方向組成的斗栱，如上述的如意斗栱就是。因為這種斗栱很複雜，由許多方向交織而成，像漁網一樣，所以又被稱為「網目斗栱」，適合作裝飾用途。

三川殿背面中央還使用了增樑的做法。台灣傳統建築運用這樣的例子很多，這是在基本的樑柱結構上，增加樑架，讓入口處顯得更加氣派，運用在小廟的入口時，效果特別明顯。而艋舺龍山寺三川殿由於明間寬敞，增加這兩組棟架之後，不但在視覺上更豐富，也有增加穩定結構的作用。

龍虎門背面的插栱做法

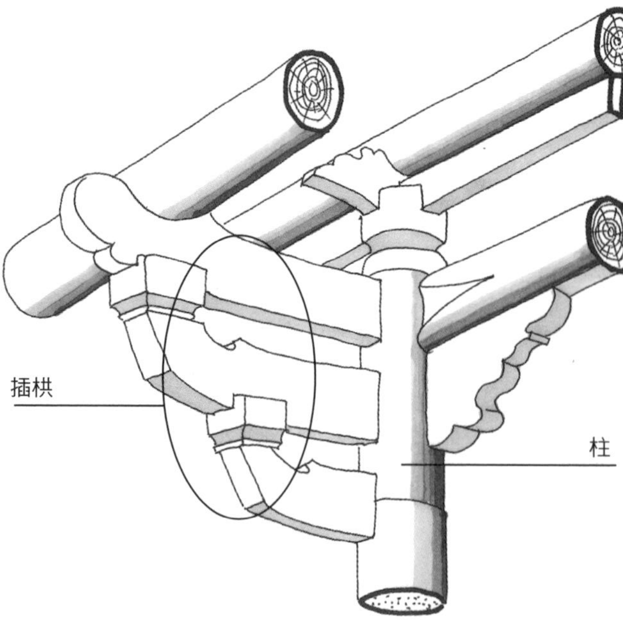

除了天花板裝飾外，在三川殿的後步口，以及龍虎門內的露明造做法，可見到棟架面的結構。渾圓飽滿的通樑，與精雕的通隨（圓光）、獅座、豎材等，帶有許多人物故事與吉祥紋樣，與殿內的斗栱相比，呈現出另一種華麗、感性的風貌。

三川殿在王益順的巧手下，表現出理性與感性的氣氛。這個作品重新定義了當時的台灣寺廟建築風格，隨後幾年，以王益順為首的溪底派木匠幫，陸續設計建造了新竹城隍廟、鹿港天后宮、彰化南瑤宮等，這些廟宇的三川殿皆以艋舺龍山寺為本，開啟了一股寺廟建築的新風潮，對日治時期乃至於戰後的寺廟建築設計，有很深遠的影響。

三川殿次間的天花板

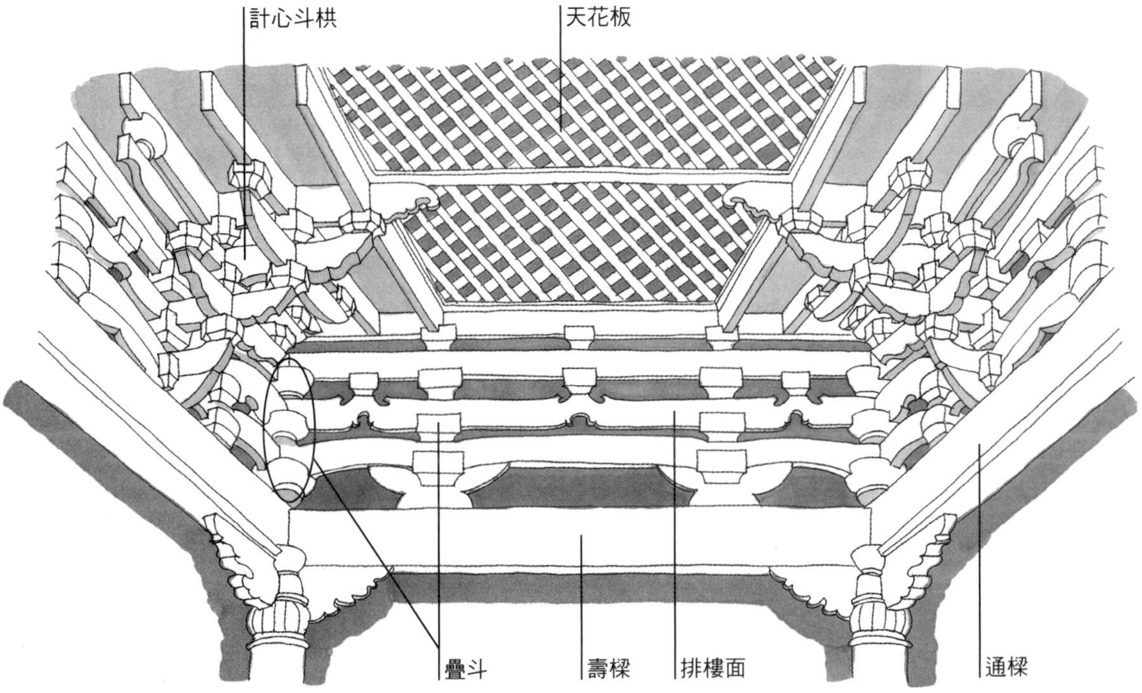

龍虎門——奇妙的屋頂組合

龍虎門位在三川殿左右兩側，是兩個獨立建造的門廳，與三川殿共同組成龍山寺的第一進。現在遊人或香客到艋舺龍山寺，就是從龍虎門進出。中央的三川殿雖然也有三個門，但在平日關閉，僅在重要的節日才開啟。按台灣民間習俗，寺廟中門是讓神明走的，一般人只能走左右側門，龍山寺仍保持這樣的規矩。習慣上，進廟時走右手邊的龍門，出廟走左手邊虎門，象徵著「登龍門、出虎口」的吉祥涵義。

龍虎門的正面造型，比照了中央的三川殿。前方同樣設計出凹壽，背面不作牆壁，因此一進入龍門，便可遠遠看

龍虎門的屋頂組合方式

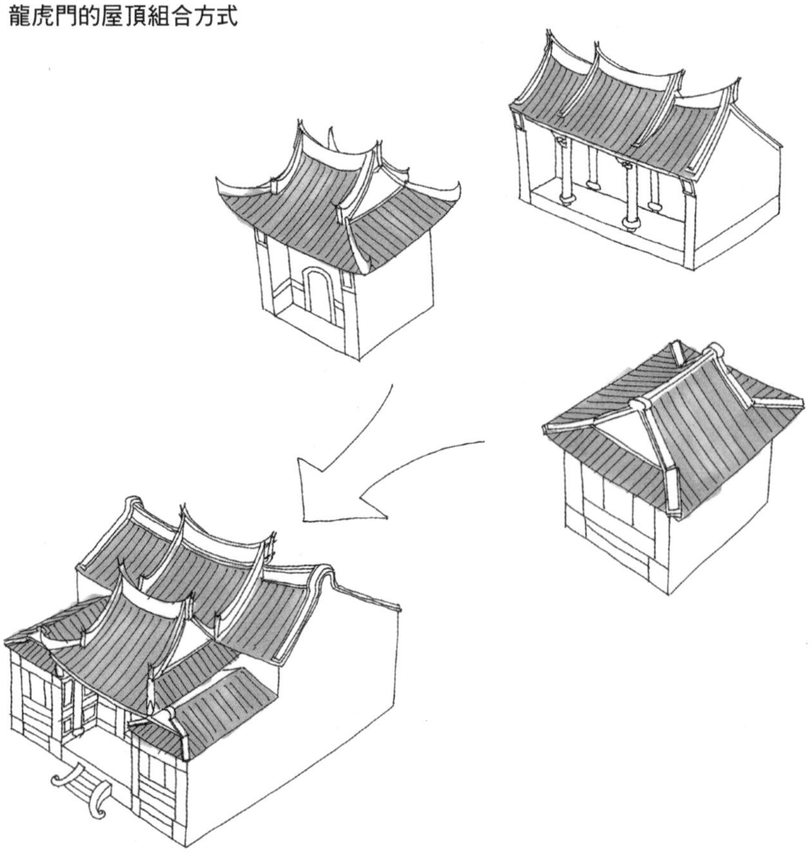

見中殿。屋頂一樣採用類似斷簷升劍口的做法，中央為一獨立高起的屋頂，兩側較低。可以說，龍虎門就相當於一個縮小的三川殿，這樣高規格的設計，在台灣還是首次出現。

　　這樣與眾不同的設計，在規畫上也會產生些不尋常的問題。因為龍虎門的深度和三川殿一樣，屋頂卻必須做得較低、較小，該如何處理呢？王益順用了一個很聰明的方法，他將龍虎門的平面分為前後兩部分，各做出一個較小的屋頂，如此一來，每個屋頂的高度與尺寸就大大降低了。而前方的這個屋頂為了配合三川殿造型，又做成中央高，兩側低，最後呈現出來的設計，就是由四個屋頂組合成為一個門廳。龍山寺龍虎門這樣複雜的屋頂組合，是為了配合三川殿的造型與尺度，可以說是一個非常成功的設計。而這種組合式的屋頂，也是

龍虎門的組合式棟架

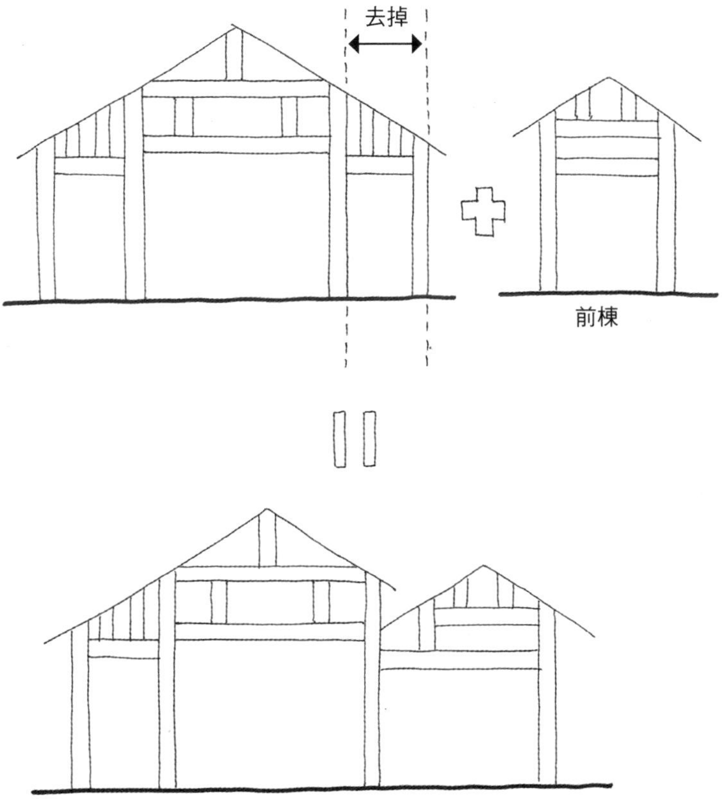

王益順的故鄉——泉州派匠師的拿手絕活。

　屋頂樣式複雜，木棟架也必須作相應的設計。王益順將前後兩棟建築的兩組棟架，分別去掉一部分之後，結合而成。其中後棟的架內棟架，屬於台灣建築中常見的二通三瓜棟架。而前棟的做法就比較複雜，首先以一道牆將棟架隔出內外，內部棟架尺寸較大、高度較低，以穩定的和後棟相連。牆外的棟架則與牆壁結合，高度較高、尺寸較小，是為了配合門面所設計出來的一組細膩美觀的棟架。

　王益順為龍虎門特殊的造型，量身訂作出複雜的木棟架設計，滿足了結構、造型等需求，在台灣寺廟中是絕無僅有的經典作品。

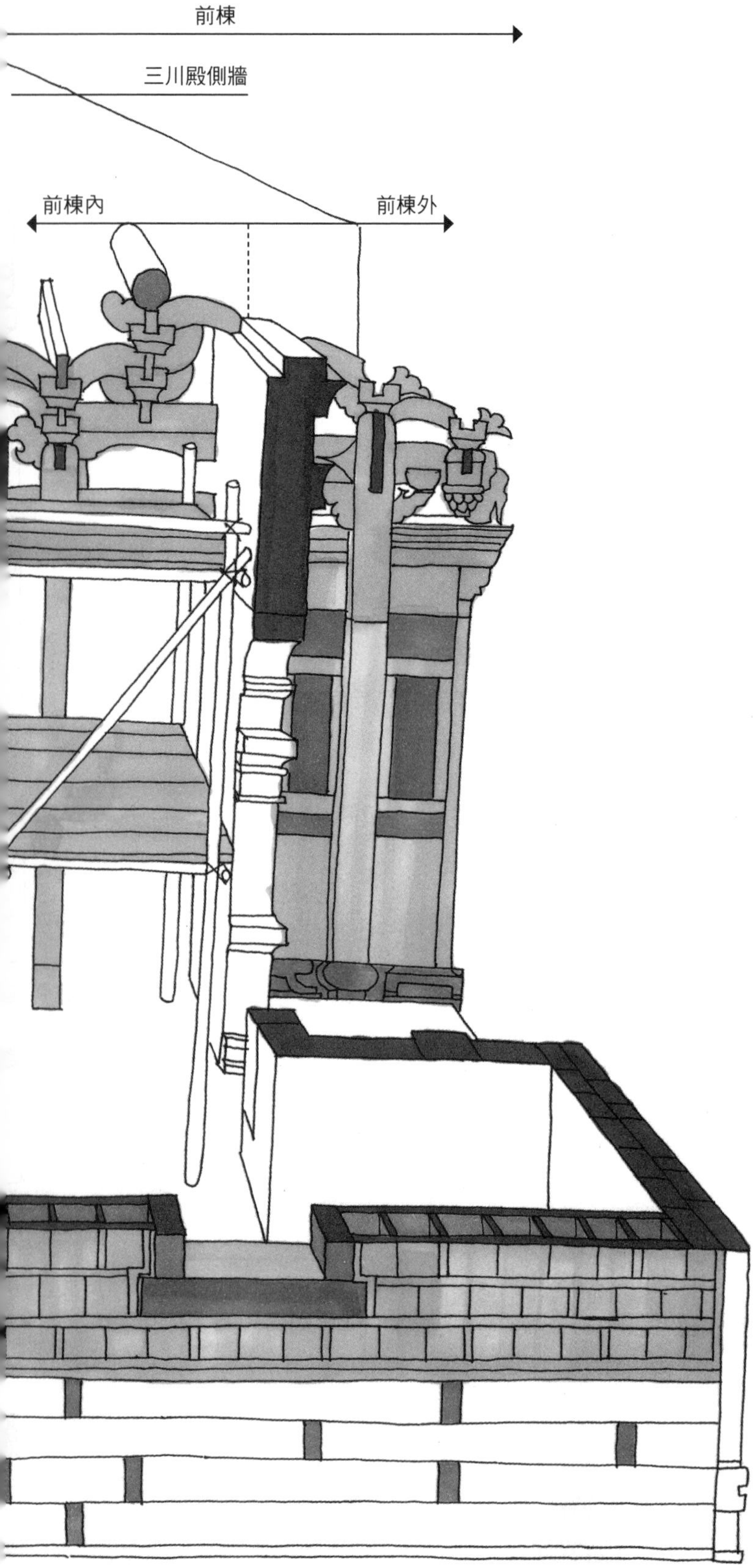

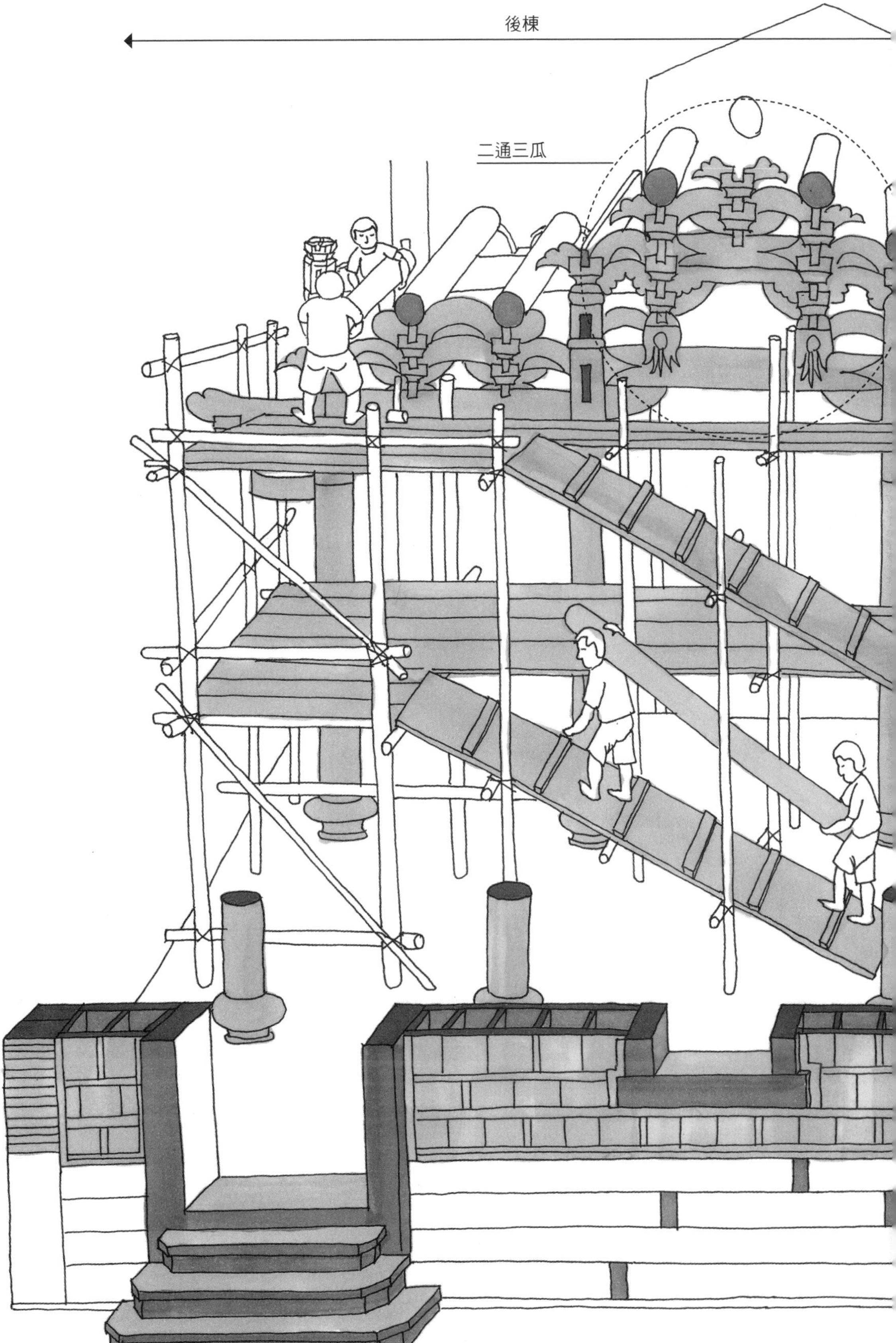
後棟
二通三瓜

中殿——畫時代的寺廟殿堂

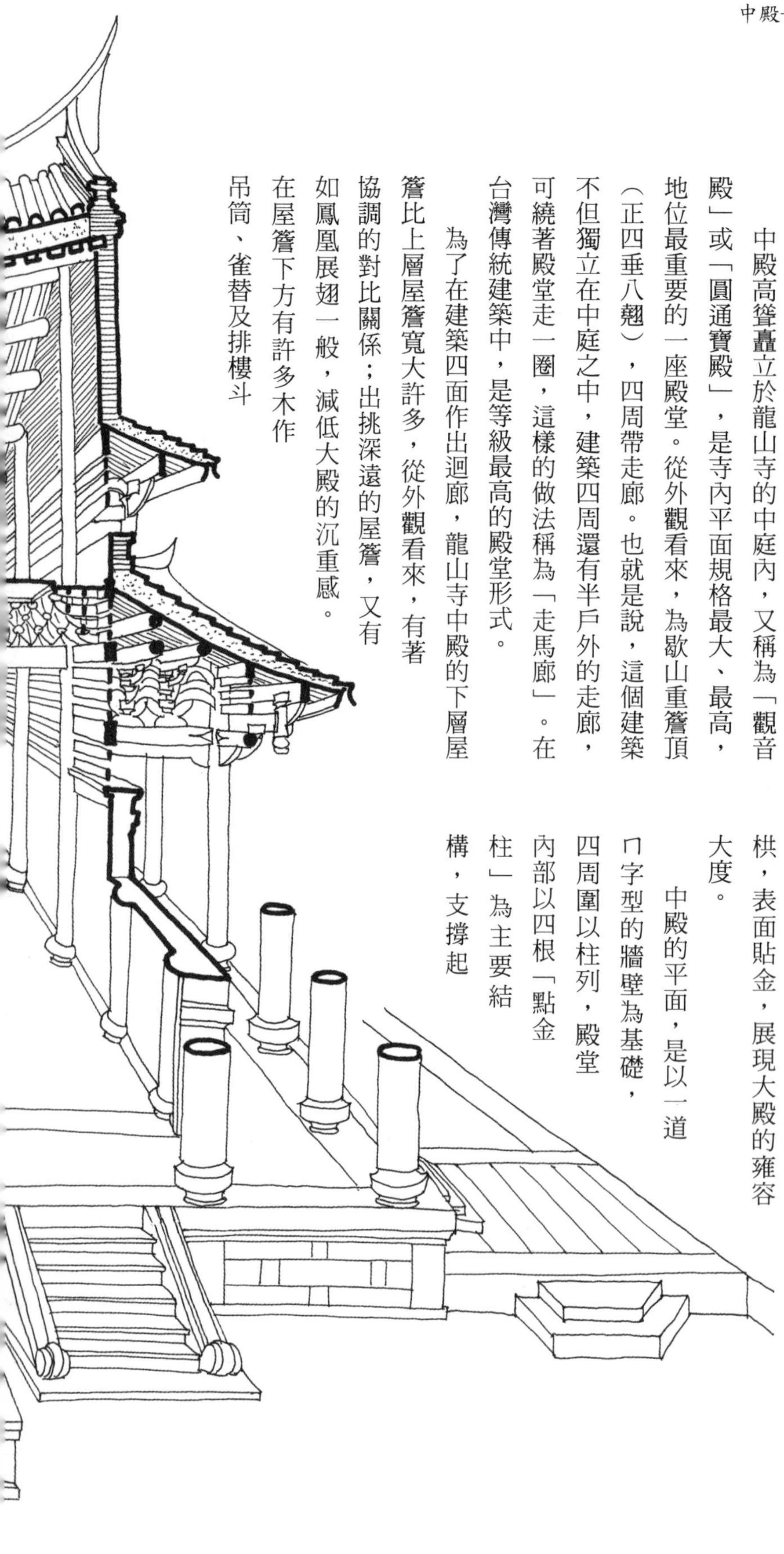

中殿高聳矗立於龍山寺的中庭內，又稱為「觀音殿」或「圓通寶殿」，是寺內平面規格最大、最高，地位最重要的一座殿堂。從外觀看來，為歇山重簷頂（正四垂八翹），四周帶走廊。也就是說，這個建築不但獨立在中庭之中，建築四周還有半戶外的走廊，可繞著殿堂走一圈，這樣的做法稱為「走馬廊」。在台灣傳統建築中，是等級最高的殿堂形式。

為了在建築四面作出迴廊，龍山寺中殿的下層屋簷比上層屋簷寬大許多，從外觀看來，有著協調的對比關係；出挑深遠的屋簷，又有如鳳凰展翅一般，減低大殿的沉重感。在屋簷下方有許多木作吊筒、雀替及排樓斗栱，表面貼金，展現大殿的雍容大度。

中殿的平面，是以一道ㄇ字型的牆壁為基礎，四周圍以柱列，殿堂內部以四根「點金柱」為主要結構，支撐起

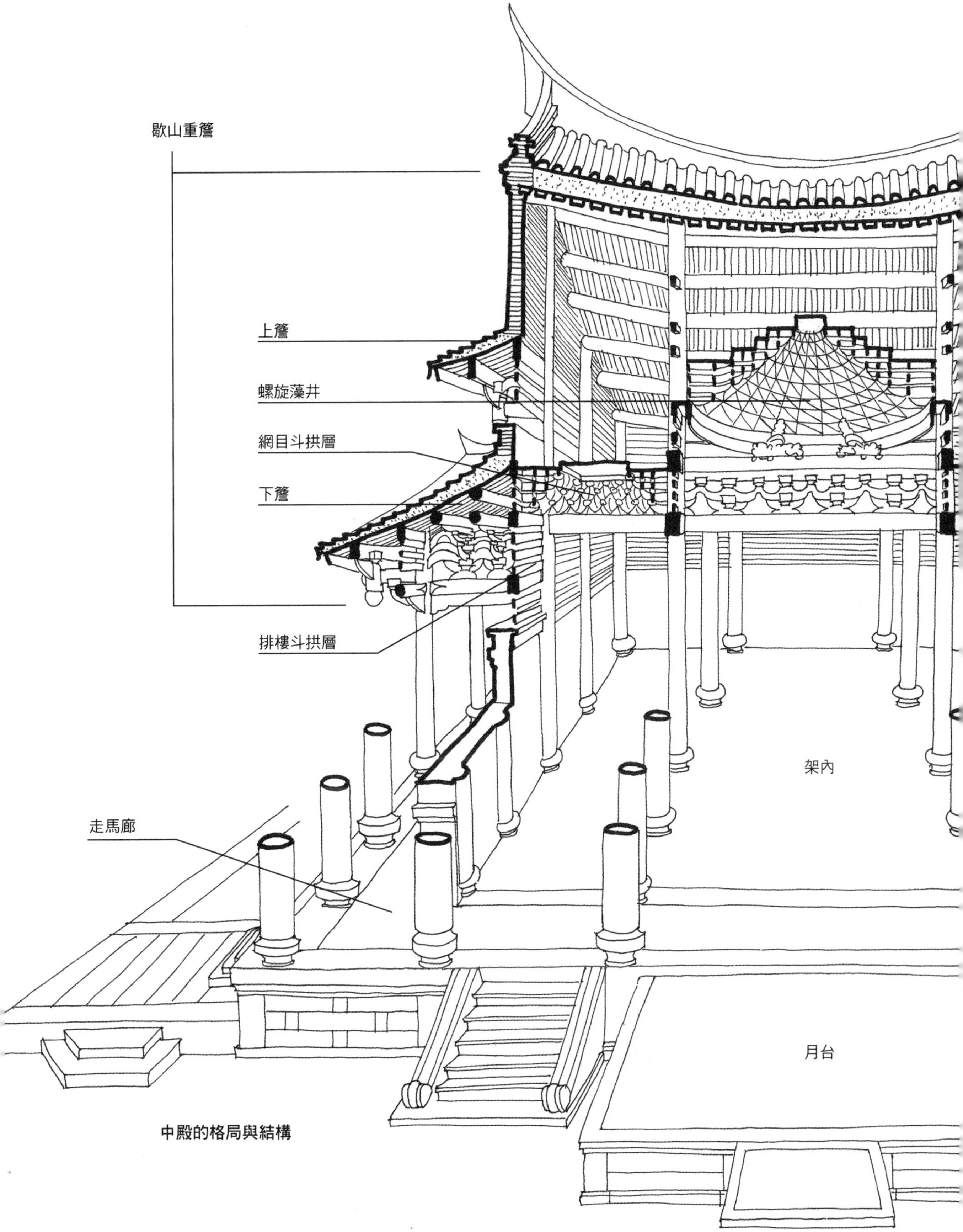
歇山重簷
上簷
螺旋藻井
網目斗拱層
下簷
排樓斗拱層
走馬廊
架內
月台

中殿的格局與結構

高聳的室內空間。整個殿堂內外共用了四十二根柱子，古代經常以殿堂內所用柱子的數量來表現建築等級，龍山寺中殿用柱之多，充分表現了它的高貴地位。室內除了樑柱結構之外，還可以明顯地區分出位置較低的「排樓斗栱層」，以及較高的「網目斗栱層」，這些規格劃一的木作不但有結構作用，還有豐富的裝飾效果。

和三川殿一樣，中殿內部全部採用天花板設計。在四點金柱圍繞的「架內」空間，更採用了台灣首見的「螺旋藻井」。這個藻井在王益順最初的設計中，是以逆時針方向旋轉，並以十六組斗栱支撐而起。在戰後重建大殿時，將這個藻井改為三十二組斗栱支撐，順時針方向旋轉，成為我們現在所看到的樣子，螺旋藻井四周則以網目斗栱形成的藻井圍繞。整體而言，中殿的殿內空間是既開闊莊嚴、結構簡練、又富含裝飾性。這種新型態的室內空間，在台灣的大型殿堂中還是第一次出現。幾年後王益順又將這個設計，再一次用在台北孔廟大成殿中，這兩個作品的出現，對於往後台灣寺廟殿堂的設計有很大影響，也是建築史上開創新格局的重要里程碑。

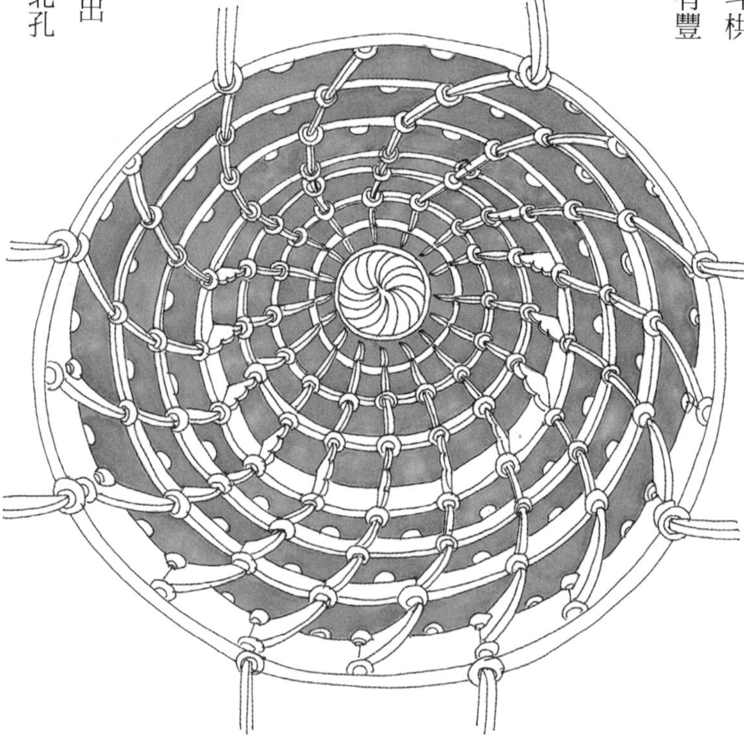

王益順設計的螺旋藻井

鐘鼓樓——台灣最精巧的樓閣建築

中殿前方左右兩側，各有一座高聳的樓閣，這是龍山寺的鐘鼓樓，也是寺內最精巧的建築，無論在寺內或寺外，這兩座樓閣都是視覺的焦點。

鐘鼓之於佛教寺院，是一種必備的設施，在佛教儀典中，塑造莊嚴肅穆的氣氛。中國早期的寺院多以藏經閣和鼓樓來搭配，後來改成以鐘樓搭配鼓樓。艋舺龍山寺的祖廟泉州安海龍山寺，正前方就設有兩座鐘鼓樓。此外，泉州承天寺、泉州崇福寺、泉州天后宮、廈門南普陀寺、福州鼓山湧泉寺等，也都設有獨立的鐘鼓樓，可見在福建沿海地區寺廟，很重視鐘鼓樓的設置。在清代台

廈門南普陀寺鐘鼓樓外觀，王益順設計

一般寺廟將鐘鼓安置於殿內

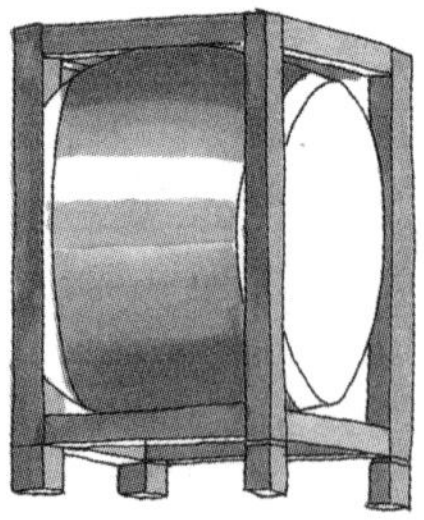

懸吊式

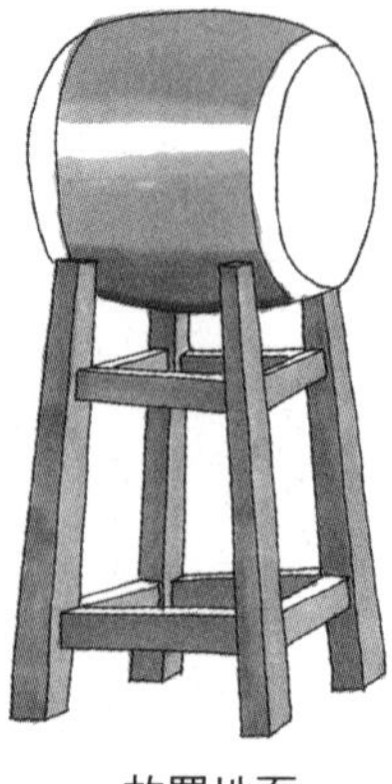

放置地面

常見的鼓架做法

灣，寺廟建鐘鼓樓的很少見，台南海會寺曾經出現過獨立的大型鐘鼓樓，如今已不存在。台灣寺廟的鐘和鼓，一般懸掛於中殿內部，講究一點的，會做出木製架子來放鐘鼓，小型的架子可以掛在樑上，大型的架子則擺放地上，不一而足。

王益順到台灣設計艋舺龍山寺的時候，對於鐘鼓的設置，顯然特別重視。除了實用功能之外，鐘鼓樓與三川殿及中殿搭配起來，將整個寺內空間布置得緊湊有力。鐘鼓樓的高度僅次於中殿，左右列於中殿前方，強化了中殿的主體性。

此外，由於寺內空間較小，鐘鼓樓與廂房結合不但能增加樓閣高度，還節省了建築用地。樓閣室內僅一層，外觀卻作成三層，也就是三重簷。最下層四周還帶有柱廊，在空間與造型上，都

龍山寺鐘鼓樓外觀

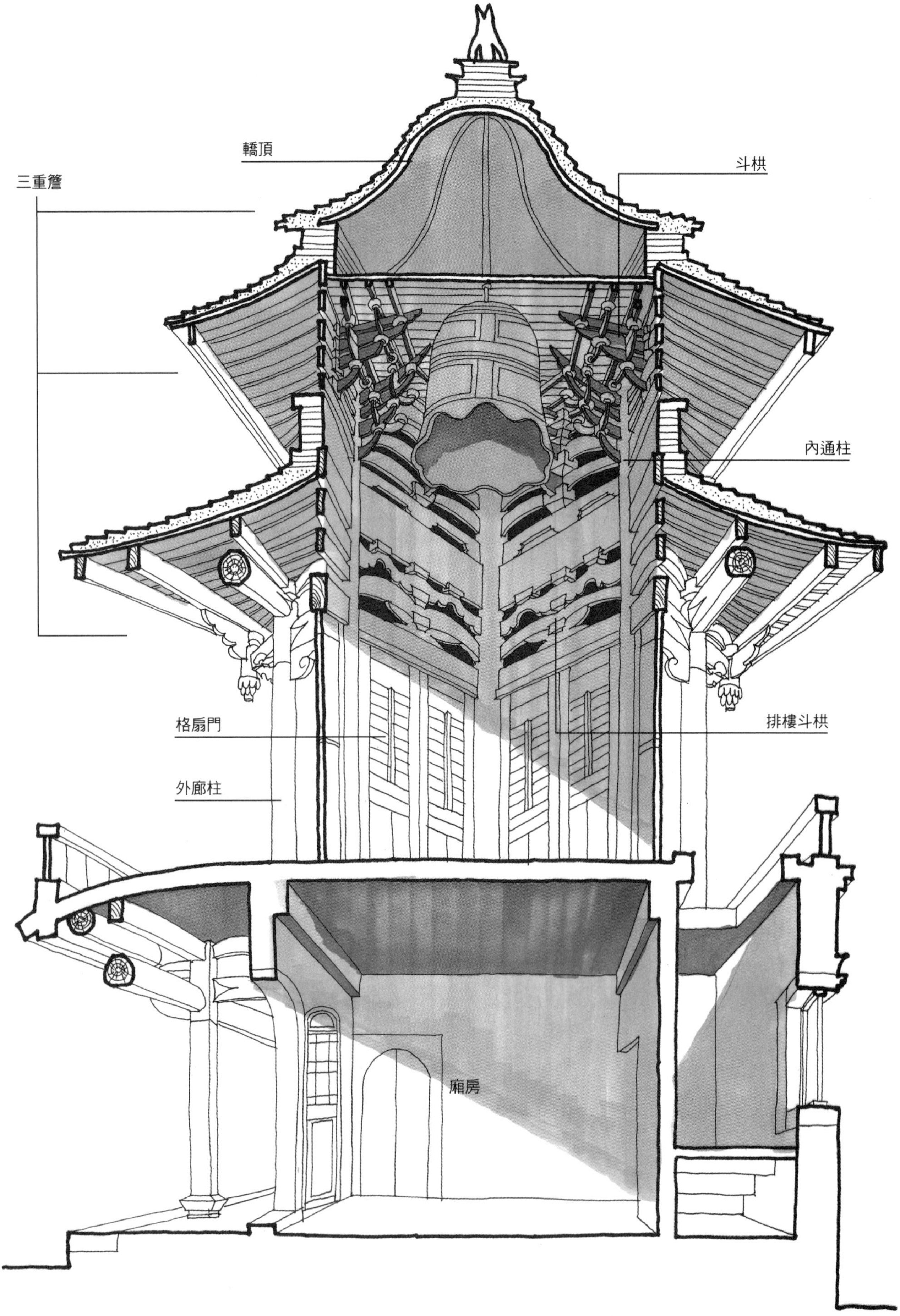
轎頂
三重簷
斗栱
內通柱
格扇門
排樓斗栱
外廊柱
廂房

極富層次。屋頂採用轎頂造型，是台灣建築史上首次出現。其特色在於渾圓的S型曲線，形成特殊的天際線。上面兩層屋頂幾乎相連在一起，既表現出層疊的韻律效果，又使整個量體不致過於高大。

樓的平面為六邊形，但卻不是正六邊形，而是扁六邊形，在台灣傳統建築中也屬首見。與四邊形平面相比，六邊形的建築外觀更具有變化性，但因為廂房的面積不大，必須把鐘鼓樓的六邊形平面壓扁，才放得進廂房上方。如此一來，從正面看上去，鐘鼓樓的外型還是夠大，可以和中殿搭配。這是在有限面積中，塑造出大樓閣的巧妙手法。

樓的構造，是由內外兩圈柱列圍成主體，內圈柱較高，由地面直通到頂，支撐起上面兩層屋頂，這是屬於「通柱」做法；外圈廊柱較低，支撐起下層屋頂，內圈柱下方裝有格扇門，進入挑高的室內，樑上有一圈排樓斗栱，再上去還有出跳的斗栱，撐起室內天花板。巨大的鐘和鼓，就懸掛在這個崇高而富有裝飾性的空間內。

龍山寺的鐘，為清同治四年（一八六五）製造，高約一百七十公分，寬約一百一十公分，表面上刻有「淡水艋舺龍山寺觀音佛祖」，另外還有與佛理有關的詩文兩聯，以及當年鑄鐘費用的捐獻者，從船戶、商號到政府官員、寺廟董事等都列名其中。鼓樓內有兩只鼓，懸掛在天花板下的鼓較小，製作年代可能和鐘樓的鐘相同。而下方鼓架上則另有一個大鼓，直徑與厚度都是一百五十公分，據說鼓身是由一整塊柳木挖空而成，是台灣佛寺中少見的古代大鼓。根據調查，這面鼓應為日治時期圓山台灣神社所用之物，相當珍貴。

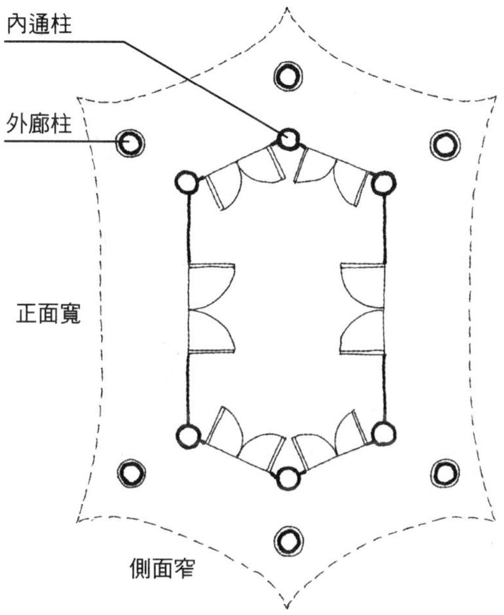

龍山寺的鐘鼓樓平面（扁六邊形）

聖母殿——巧妙的大木設計

龍山寺的最後一進，是以五開間寬的聖母殿為主體，加上左右各三開間的文昌殿與關帝殿。像這樣三殿並列的組合方式，略同於三川殿。它的平面規模，也就是面寬與進深都與三川殿相仿，高度則略高一點。殿內不使用藻井，室內所有棟架結構都明顯可見，這點和三川殿及中殿有很大的不同。

做為後殿的聖母殿，建築規格也很高，和中殿一樣作歇山重簷頂，而建造的方式卻有

所不同。中殿的山牆面是與山花面結合，由底部直通頂端，這樣的造型比較簡練。而後殿是在中殿做法的基礎之上，將上下簷交接的山牆面往外推，如此一來，上簷造型沒有改變，下簷則縮短了，也就是說，原本長度相差甚多的上下簷，在比例上趨於一致。經過這樣修正之後的重簷，形成等比例重複的韻律感，層次感增加，也強化了造型的整體性，可說是相當成功的外型設計。

這樣的設計不但富有變化性，在結構上也比中殿來得穩固。中殿的上簷重量是由斗栱傳遞到柱子上，一旦斗栱變形下垂，便可能面臨屋面曲折，甚至屋脊斷裂的危險。聖母

龍山寺第三進正面全景

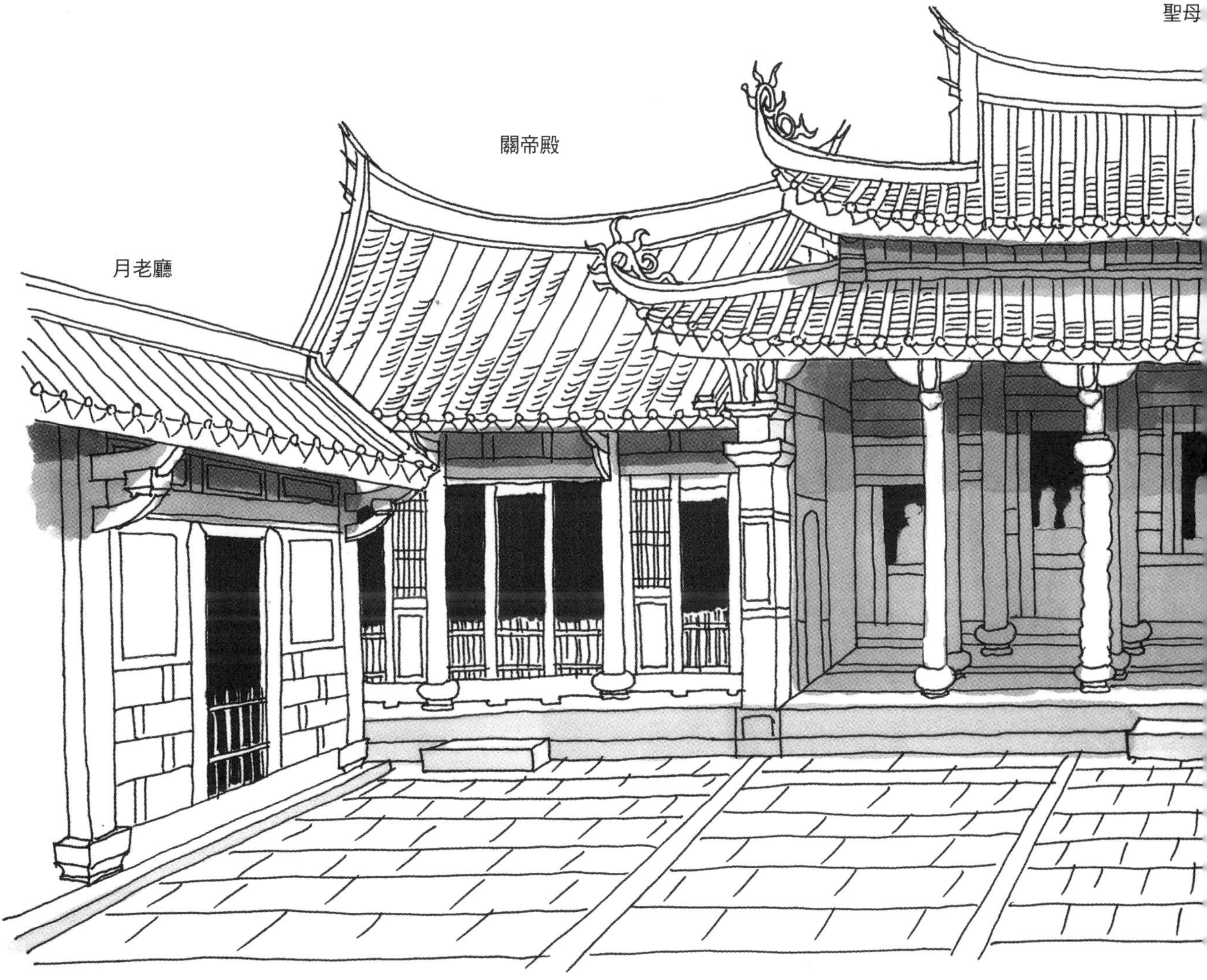

殿的上簷重量改由童柱（一種不落地的柱子）傳到樑上，再轉到柱子與山牆上，由此減低了柱子的負荷。構架也因為層次增多，穩定性更為良好，降低發生變形的機會，可說是一個高明的結構設計。這個設計還減少了山牆面與棟架面的接觸，可以降低木構架因為接觸牆壁而受潮腐爛的危險。

聖母殿的平面也有巧妙之處，它的室內以八根金柱為主體，在中央作出了高聳的架內空間。並在前方增加一排步口柱，作出較低的步口空間。在架內之後則是神龕，這個神龕空間比步口要寬得多，形成前後不對稱的格局。這樣一來就影響到上方的樑架，成為前方轉角為三十度角、後方轉角為四十五度角的情形。一般而言，歇山重簷頂講求前後對稱，但在龍山寺聖母殿，可能是因為空間不足，才產生出如此的特殊設計。但若不仔細觀察，一般不會發覺有何異樣，在此，我們又可以看出王益順設計之巧妙。

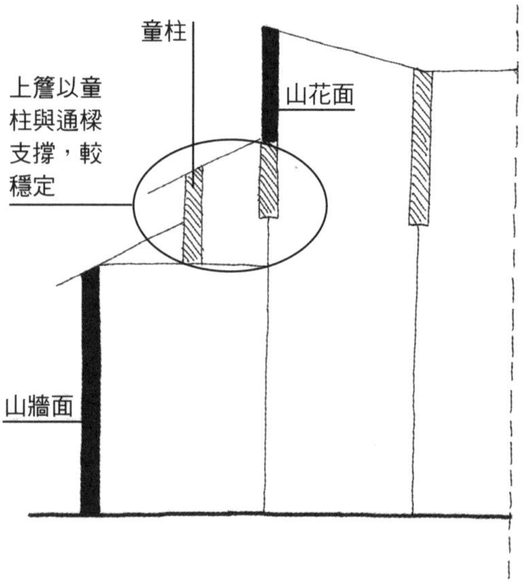

艋舺龍山寺聖母殿歇山頂做法

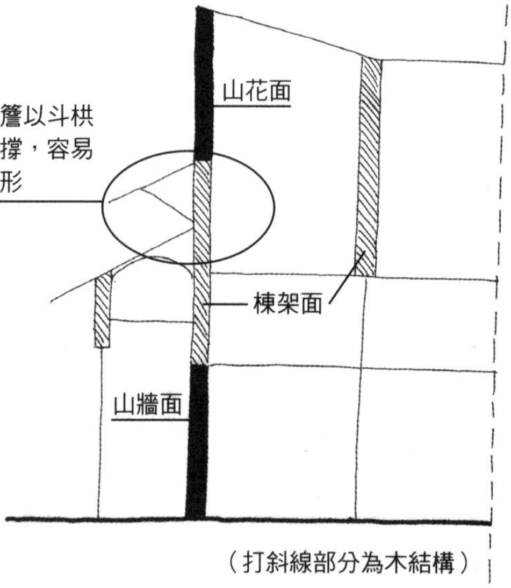
上簷以斗栱支撐，容易變形

艋舺龍山寺中殿歇山頂做法

聖母殿歇山頂的結構

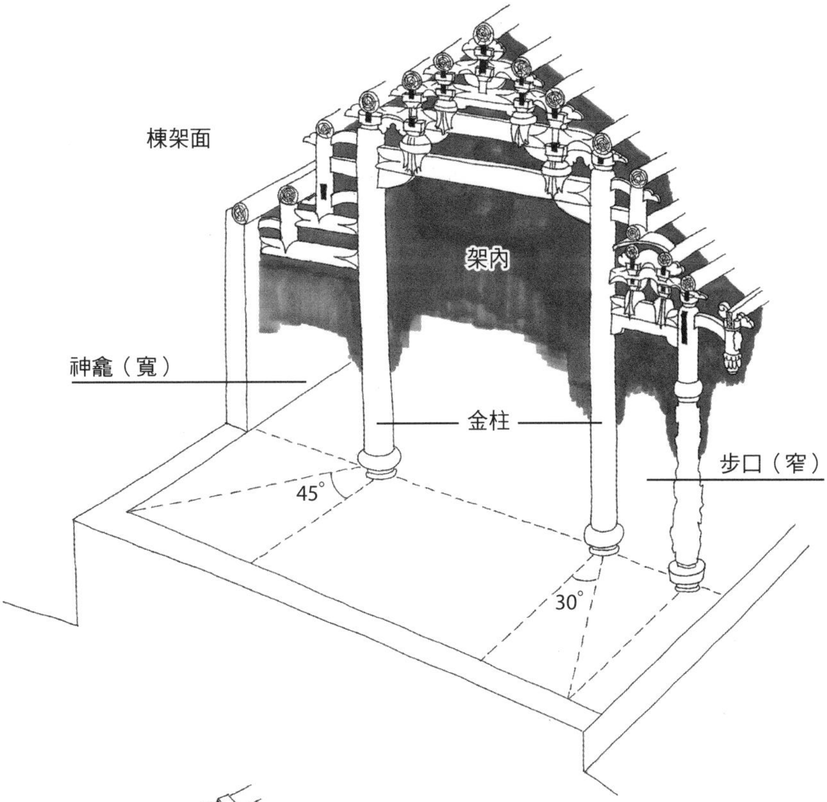
棟架面
架內
神龕（寬）
金柱
步口（窄）
45°
30°

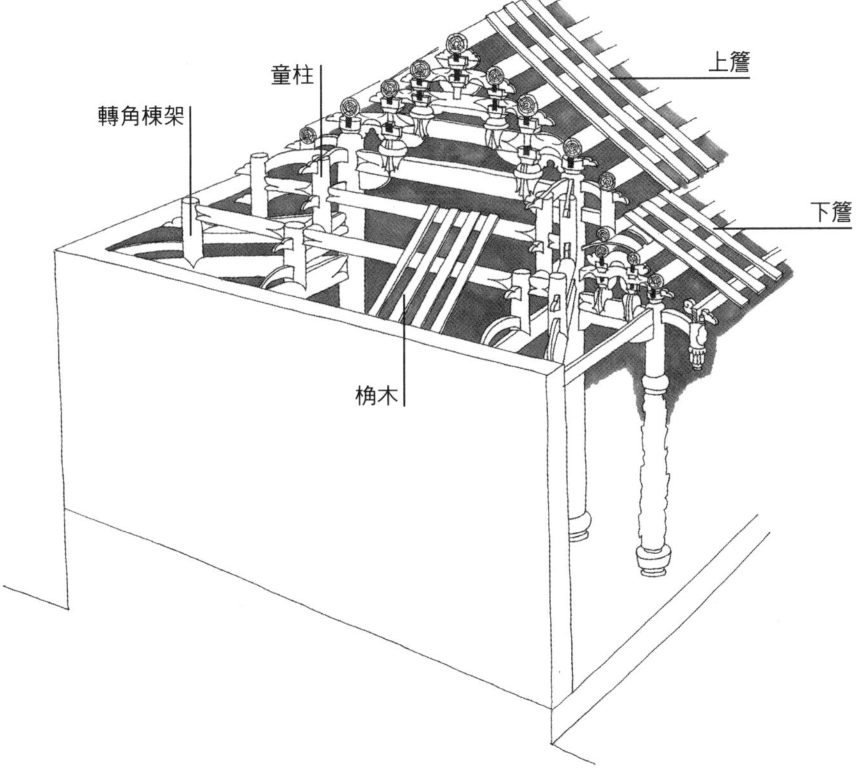
童柱
轉角棟架
上簷
下簷
桷木

屋頂與屋脊——藝術與力學的表現

設計建築的大木構造同時，也要考慮到屋頂的結構方式。傳統建築的斜屋頂，不同於西洋建築平直的斜屋頂，而是從各角度看都帶有曲度。這種優美的屋坡曲線及燕尾起翹，是台灣傳統建築明顯的標誌。匠師採用兩種方式來塑造屋頂曲線，一是屋坡，二是屋脊。小型建築可單純以屋脊來塑造曲線，而大型建築則要同時控制屋坡的斜度，塑造成中央低、兩側高的形狀。

製作這樣的屋頂有兩種方式。第一是用斜桁，把承受屋面的圓桁，自中央往兩邊升高，從地面往上看，承接屋頂的桁木不是左右水平，而是逐漸升高的。第二種方法是採用「暗厝」，也就是在製作屋面的時候，將原有

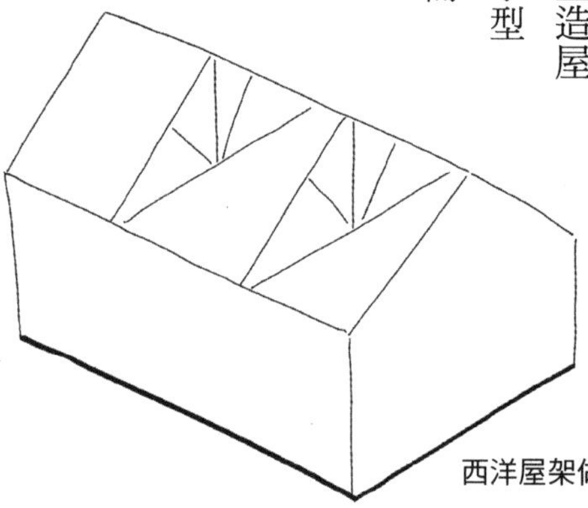

西洋屋架做法

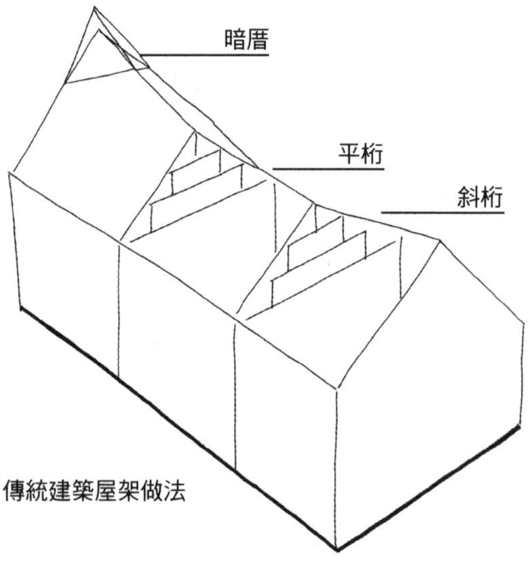

傳統建築屋架做法

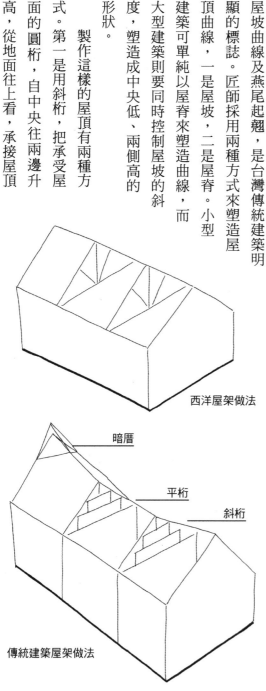

的圓桁上面再加一根桁，另外作出一層逐漸升高的屋面。如此一來，屋頂兩端就呈現高起的狀態。這兩種方法可以同時使用，端看屋頂所需要的高度。斜桁升高的方法在龍山寺三川殿內可以看到。而確定有使用暗厝的位置是在聖母殿，推測在三川殿以及中殿也應該都有使用。

另外一種木構造技巧，稱為「風吹嘴」，專用在歇山頂的四個轉角處，也就是翼角的部分，在封簷板上增加一片逐漸升高的木板，形成類似船首造型，讓外觀看起來更加厚實、高聳。另外，翼角上方的串角脊也隨之減緩了坡度，讓屋頂顯得更加平緩。風吹嘴可說是控制建築正面造型的一個重要方法，也是泉州建築的一個重要特徵。在台灣傳統建築中採用這種手法的，多屬於王益順一派的作品。龍山寺初建的時候，中殿也採用了這種手法。但戰後重建時則沒有再次採用，因此可以

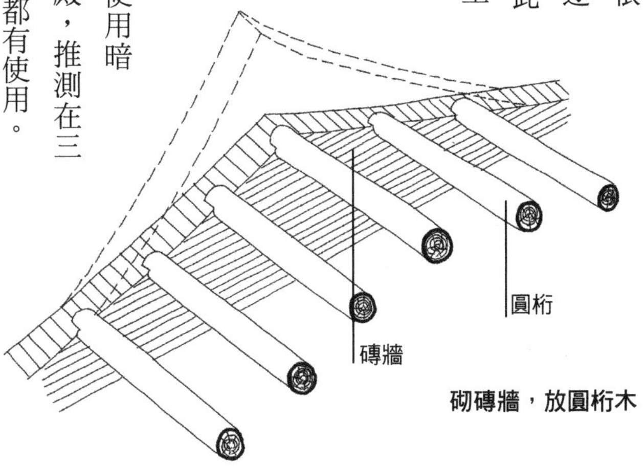

砌磚牆，放圓桁木

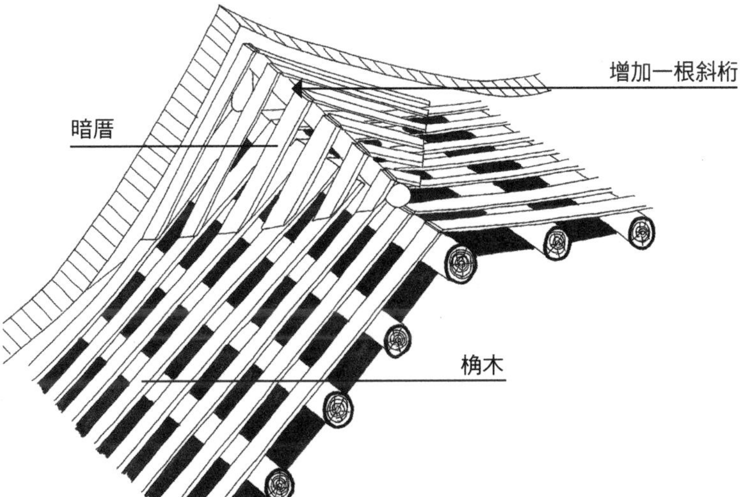

放桷木，作暗厝

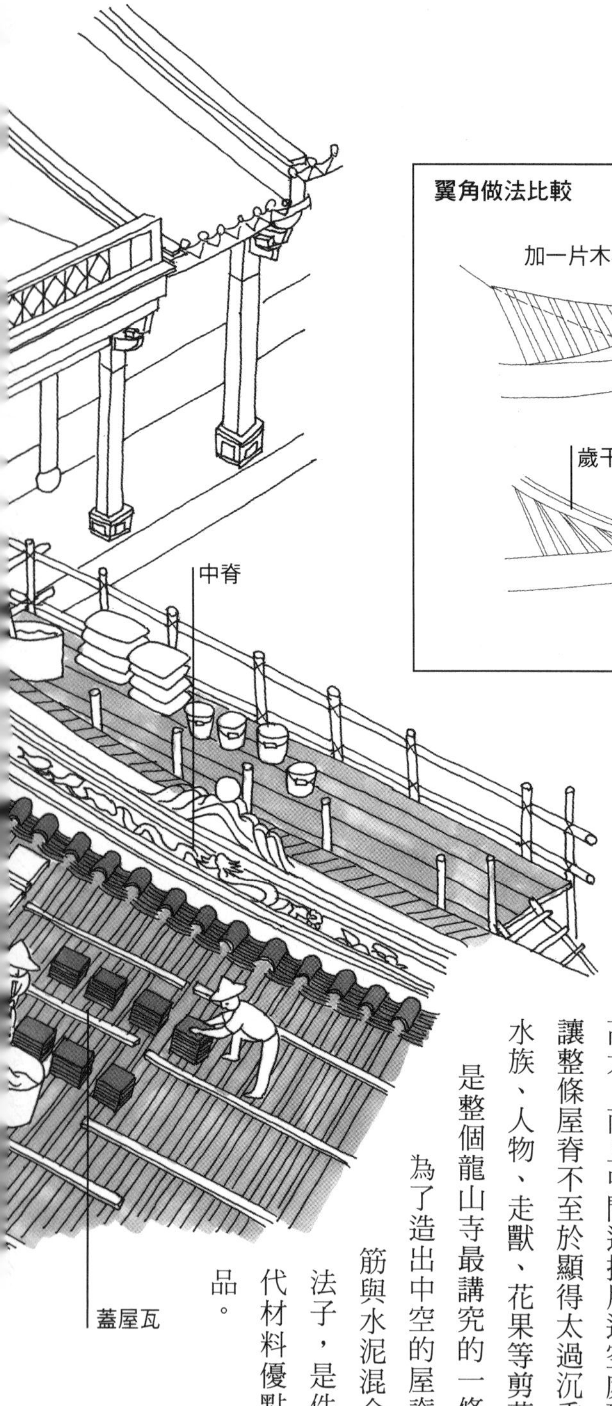

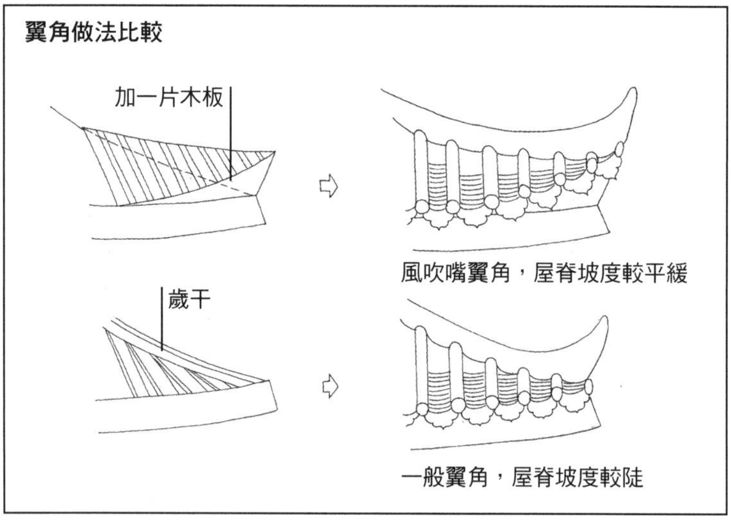

看出現在的屋脊坡度比以前大。而在三川殿、龍虎門以及聖母殿等翼角，仍然保存了這樣的構造，值得仔細觀察。

木構造的部分完成之後，接著就要做脊、覆瓦。這部分是由泥水匠師負責。屋脊以部位的不同，可分為中脊（正脊）、規帶（垂脊）與串角（戧脊）。其中以中脊最長、最大，規帶是沿著山牆面垂下的屋脊，串角則是歇山頂才會有的，位於翼角。屋脊依照建築的等級，有大小、繁簡不同的做法，越複雜的屋脊層數越多。以龍山寺來說，三川殿中央的中脊不但高大，而且中間還採用透空處理，這樣可以讓整條屋脊不至於顯得太過沉重，脊身則以水族、人物、走獸、花果等剪花裝飾填塞，是整個龍山寺最講究的一條屋脊，當時為了造出中空的屋脊，還採取鐵筋與水泥混合澆灌而成的法子，是件充分利用近代材料優點所完成的作品。

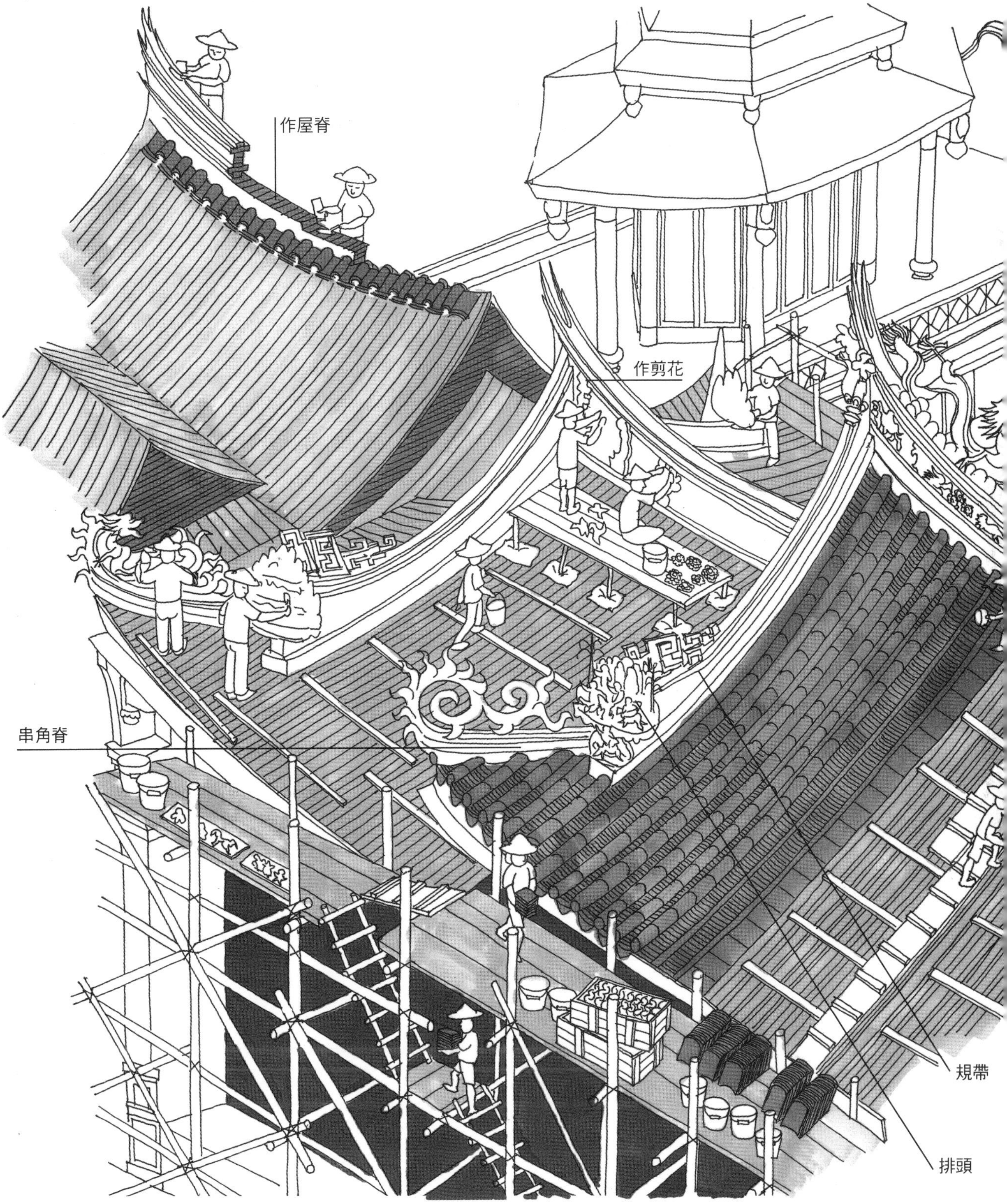

屋頂施作順序「作屋脊、作剪花、蓋瓦」

相對於三川殿，兩側龍虎門的屋脊已經比較小，東西廂房屋脊做法就更小、更簡單了，屋脊的尺寸，可說是與建築的高度息息相關，不僅如此，屋脊還負有塑造建築外形的重要功能。傳統的屋脊製作方式，是用磚頭一層層地砌出想要的曲線，之後再用灰泥修飾表面，在適當的地點，還會預先插入鐵筋，供接下來製作剪黏裝飾的匠師固定作品用。

屋脊做好之後就要以屋瓦覆蓋屋面。屋瓦的種類有板瓦以及筒瓦，瓦的顏色則有紅、黑之分，一般泉州人建築多用紅瓦，筒瓦則主要用於寺廟建築中，在

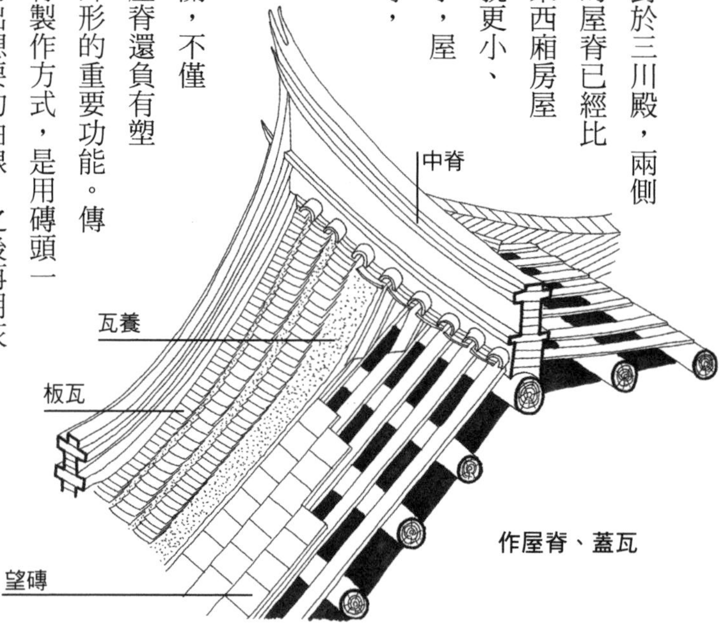

作屋脊、蓋瓦

一九二〇年改建前的龍山寺就已經採用了筒瓦，改建之後依然採用筒瓦。屋瓦在屋面上受風吹日曬，若有漏水或破損就需要更換，可算是一種消耗品。我們現在看到的龍山寺屋瓦，是一種黃色琉璃瓦，這種琉璃瓦不同於傳統的紅筒瓦，厚度較厚，比較耐用，表面上釉藥，在日照下非常亮麗。

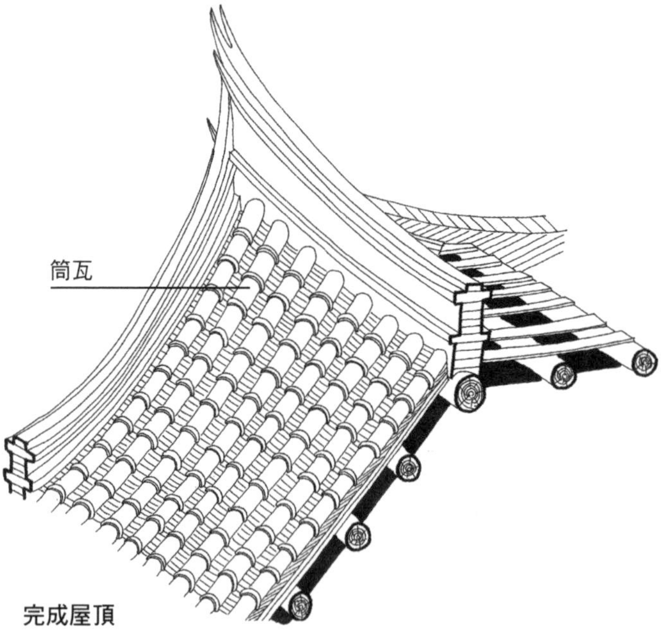

完成屋頂

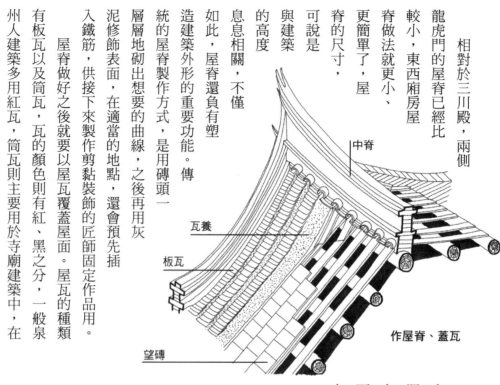

剪花——台灣北部名匠齊聚一堂

主要的建築結構與外觀完成之後，就可以請剪花匠師，作進一步的裝修工作。剪花師傅的工作內容包含了剪黏、泥塑上彩、交趾陶等工藝品，可說是一門涵蓋了捏塑、陶藝、鑲嵌與彩繪的藝術，在艋舺龍山寺三川殿內的碑記上，可以見到「剪花」這個名詞。剪花匠師的工作與泥水相當密切，主要分布在屋脊、排頭、牆面與水車堵上，範圍很廣。剪花的作用不僅是裝飾而已，也能將屋頂各個構造交接處，如山牆與屋脊，做最後的收尾。

龍山寺一九二〇年代大改建時，洪坤福與林平兩位匠師承包了剪花工程。從老照片看當時完成的屋頂剪花，尺寸小而形式簡單，秀麗卻不失莊嚴。不過，歷年整修下來，如今只留下三川殿正面的銅鑄龍柱，以及一對交趾陶燒的龍虎壁為原作，且據說都是洪

洪坤福製作的龍虎壁

坤福的作品。洪坤福在一九一〇年代從廈門到台灣，並在台灣傳徒多人，對台灣寺廟的剪花藝術發展有非常大的影響。龍虎壁位在聖母殿前方的東、西廂房側門牆上，具有護衛寺廟的象徵意義。這對交趾陶龍虎壁，造型特殊，與一般所見的龍虎很不相同，如今已成為龍山寺重要的藝術文物。

而三川殿前的銅鑄龍柱，則更加有名，因為這是全台灣唯一的一對銅鑄龍柱，造型頗為簡練，龍身盤於圓柱之上，並以封神榜的人物與許多雲朵作陪襯。這對龍柱的製作，是由洪坤福打胚，再由台北鐵工廠的李祿星製出成品，現在龍柱上還可見到李祿星的落款。雖然說以堅硬的金屬製作，但仍細膩地表現出了

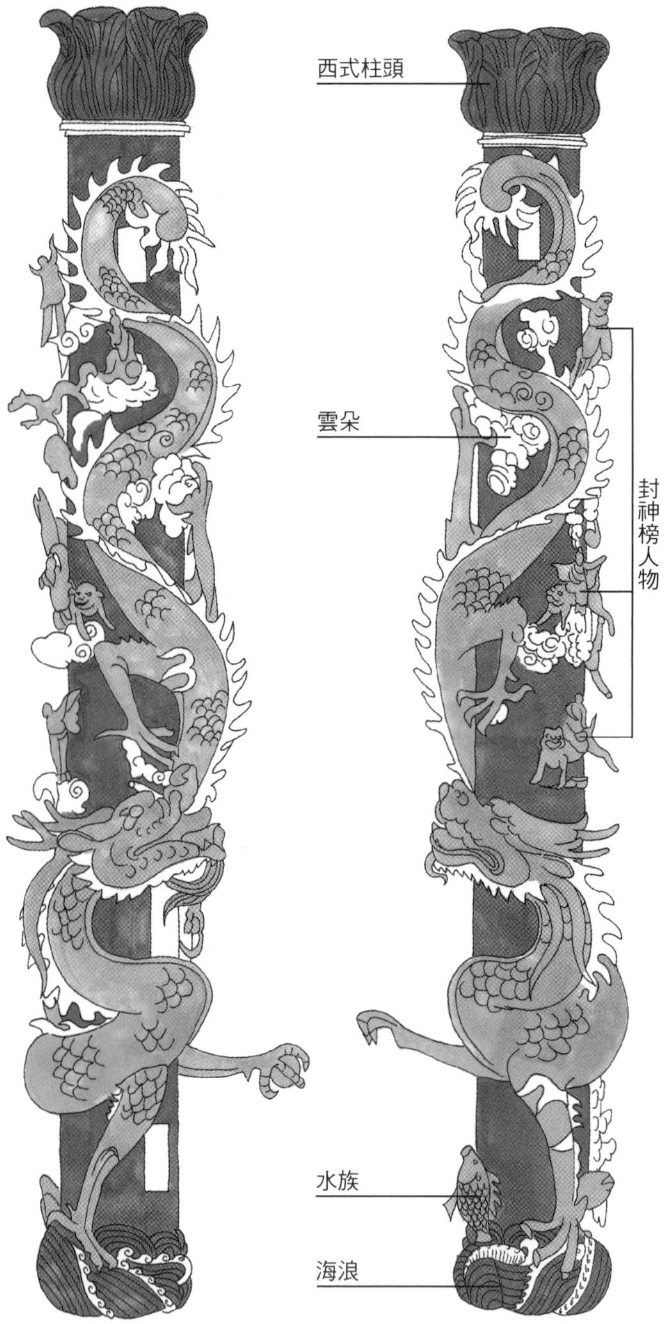

三川殿前銅龍柱

龍身的柔軟以及許多細節，尺寸又相當巨大，堪稱一絕，可謂龍山寺建築中的珍寶。

光復之後，龍山寺中殿經過重建，整個寺廟格局總算恢復了舊觀，在一九六〇年代初請來陳天乞、朱朝鳳，以對場的方式為中殿製作剪花裝飾。完成之後，藉著屋頂的修理工程，又陸續進行三川殿、龍虎門、後殿、廂房、鐘鼓樓等建築的剪花重修，參與這次大修工程的工匠，多為洪坤福的徒弟，以及同為泉州人的蘇陽水一派，可以說是集合北台灣剪花高手所完成的作品。這次大修還有兩個不同於以往的特點，首先是剪黏所採用的材料，不同於日治時期慣用的碗片，改採用玻璃片。和碗片相比，玻璃有很多好處，除了容易取得、價格便宜、剪切容易之外，玻璃還有許多顏

雷震子

封神榜人物
洪坤福作

元始天尊

三川殿排頭剪黏
「空城計」，張添發作

色可供挑選，在匠師的巧手搭配之下，在陽光下晶亮閃爍，非常漂亮。因此台灣在光復之後，剪黏多採用玻璃為材料，流行了幾十年，而龍山寺屋頂的玻璃剪黏即為其中的佼佼者。尤其是三川殿中門屋頂上，由張添發承包製作的屋脊裝飾，有人物故事、龍鳳、四腳走獸、魚蝦水族等，表現非常豐富。

另有一特別之處，就是在三川殿龍虎門屋頂上的人物故事，全部都是以交趾陶製作的，當時張添發承作龍門屋頂，陳天乞承作虎門屋頂。雖然是同門師兄弟，也帶有競技的味道。以剪花作品來說，泥塑價格最便宜，剪黏居中，而交趾陶是最為昂貴的，能夠像龍山寺這樣，在屋頂上以大量交趾陶作裝飾，比較少見。而且就手藝來說，這些都是極優異

龍門排頭交趾陶
「單刀赴會」，張添發作

虎門排頭交趾陶
「孔明收姜維」，陳天乞作

的作品，我們現在看到的這些交趾陶，表面為白色，其實最初剛完成時是彩色。它們的製作方式是二次燒，第一次以高溫燒白釉，也就是俗稱「馬桶釉」。第二次則上彩色釉藥，改低溫燒製，成品顏色亮麗，但不耐風吹日曬，所以目前顏色大多脫落，僅剩下第一次燒成白瓷的表面了，儘管如此，這些交趾陶如今仍然是龍山寺著名的藝術作品。

談到泥塑，在龍山寺也有單獨運用的例子。如三川殿與龍虎門交接的屋簷下，以泥塑作出類似馬背脊的小山牆，內部以西洋卷草紋裝飾。在這個位置製作山牆是很少見的，可說是龍山寺的特色。另外，在聖母殿左右牆上，也有以泥塑製作的西洋花，造型相當高雅。而這種手法在日治時期的寺廟及街屋建築中很常見，可說是一種流行風尚，也是當時台灣泥塑匠師的拿手絕活。

聖母殿牆壁上的泥塑
西洋卷草裝飾

三川殿正面山牆的西洋卷草裝飾

彩繪——富麗的名家對場

建築木結構體完成之後，原木表面還要以彩繪塗裝，除了裝飾之外，也有保護木料的效果。繪畫、書法等原本就是高雅的藝術，以往由私人收藏之書畫卷軸，懸掛在民居廳堂中，展現書香門第氣息。這樣的藝術作品進一步與建築結合，就成為繪製於結構之上，如樑枋、牆壁等處的建築彩繪，在傳統藝術中占有重要地位。

所謂彩繪，可以分成「彩」與「繪」兩個部分來看，「彩」是木料表面的油漆塗刷，也包括在繪圖之前的打底工作。「繪」則主要在樑枋上，包括「垛頭」、「垛仁」兩大部分，垛頭採用各種紋樣構成，主要是做為畫面的邊框與分隔，著重在顏色與線條圖紋的表現。垛仁則主要為表現山水花鳥、人物故事的長條畫幅，具有主題性，難度較高，一般由所謂「拿筆師傅」來繪製，優秀的拿筆師傅除了繪畫之外，還要擅長書法。因此，和書畫藝術比起來，建築彩繪的

特色在於不但有詩書氣息，也帶有豐富的裝飾性，題材充滿教育意義。

龍山寺的樑枋彩繪基本上遵循傳統，木柱與斗栱底部使用紅色，通樑、排樓面、斗栱等側面部分施以彩繪。較細微的雕刻則多以貼金表現，除了展現金碧輝煌的莊重感覺，也可避免過多顏色造成混亂的視覺效果。

精美的彩繪藝術遍布三川殿、中殿、聖母殿、廂房、鐘鼓樓等建築內外，但最適合仔細欣賞彩繪的位置在三川殿。這裡能見到樑枋彩繪與斗栱彩繪。樑枋彩繪是以垛頭、垛仁組合成長條畫面。至於斗栱彩繪則運用更廣，在斗身上多用謝石紋，以及由淺到深的化色技巧，栱的部分則以螭虎紋為主，在由斗栱交錯組成的藻井中，彩繪使其更加富麗堂皇。

我們現在見到的龍山寺彩繪配色以紅色、綠色、藍色為主，搭配上白色、黑色、金色等，垛頭的圖案複雜，用色也較多，垛仁的背景則多以白色為主，其中有一種稱為「擂金彩繪」的做法，是在黑色背景中，以金漆畫上人物故事或吉祥圖案，形成對比顯著的效果，這種擂金畫在三川殿內與鐘鼓樓正面的樑枋上都可見到。

除了畫在木結構上的樑枋彩繪之外，還有其他比較大型的建築彩繪，如三川殿中央六扇門上，就繪有哼哈二將、四大天王等佛教護法神。而在中殿左右壁上，還有兩幅壁畫：左側龍邊為

龍山寺的樑枋彩繪

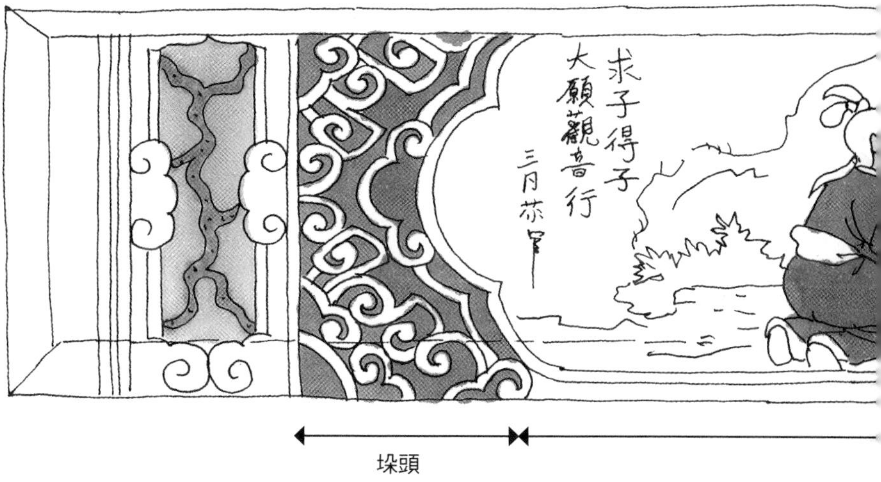

「龍王請法圖」，右側虎邊為「忉利天宮為母說法」，皆為釋迦說法的佛傳故事。殿內中央四根柱子（也稱四點金柱）頂端的樑枋，繪有「大悲出相」圖，以八十四句咒語，加上四位護法神，成為以八十八尊佛組成的大型彩繪，為二〇〇三年甫完成的作品。

畫在木結構上的彩繪，經常受到日曬風吹以及香火煙燻，保存並不容易。一九二〇年代大改建時，參與彩繪工程的有林德旺、黃榮貴、蔡萬沛、張阿九、江寶、吳烏棕、洪寶真等人。到了一九三五年，也就是大改建完工之後的十五年，就先進行過一次重修。之後在一九六七、一九七六、二〇〇〇、二〇〇七年，都曾進行彩繪整修。其中，一九六七年的整修由台北張明德、阿居司、莊武男、新竹彭榮華、苗栗張劍光、鹿港郭佛賜等四派匠師對場，台南名家陳壽彝也參與此次整修，是台灣寺廟中少見的大規模彩繪對場。而那次整修的作品，可以在龍虎門、三川殿正面看到一些。不過，儘管龍山寺歷年整修彩繪都是請名家施作，但其整修方式是覆蓋舊有彩繪，畫上新的彩繪，因此目前所見的龍山寺彩繪，多為近年蔡龍進匠師的繪製作品，他是著名彩繪師潘麗水的高徒，前前後後在龍山寺工作約十二年，完成了非常多作品。

綜觀龍山寺的彩繪，除了裝飾圖紋、花草及人物故事外，大量的佛傳故事主題為其特色，值得細細品味。

中殿樑枋上所繪「大悲出相」圖（局部）

中殿內壁畫
「龍王請法圖」

小木裝修——精華薈萃的雕刻殿堂

傳統建築的木工，有大木與小木之分。大木匠製作建築結構，小木匠負責雕刻細部裝飾，以及門窗、神龕等裝修工作。這種小木雕刻又稱為「鑿花」，除了建築本身的雕作，也負責製作神案、家具等。鑿花匠的巧手賦予了建築木作的細膩美感。

在龍山寺三川殿內外，布滿了許多精雕細琢的木雕作品，是欣賞鑿花工藝的最好位置。這裡的作品是一九二〇年代大改建時，由泉州來的名匠楊秀興所作，多採用「內枝外葉」的多層次透雕法，非常生動。從正面看，除了吊筒、花籃、雀替、圓光之外，連壽樑的表面都作了木雕。這在當時台灣的寺廟建築中，非常罕見。這些木雕的表面還全部都貼上金箔，呈現出金碧輝煌的視覺效果。其中，在正中央的壽樑上，雕刻著代表女性的「飛鳳牡丹」，象徵龍山寺的主神觀世音菩薩。

在三川殿內部可以見到許多吉祥動物的雕刻，如雕成飛鳳、鰲魚的雀替，雕成獅子、大象的斗座。後方的步口廊上，可以見到棟架面上的許多構件，如圓光、斗座、束隨、通隨、斗串等，這些原本都是建築結構之一，加上雕刻之後，改變了原本的厚重感。

而其中，圓光、獅座和豎材所占的面積最大，也容易刻畫大場面的戲齣，因此是匠師表現功夫的主要位置，重要的圓光還雕出正反兩

三川殿正面的木雕

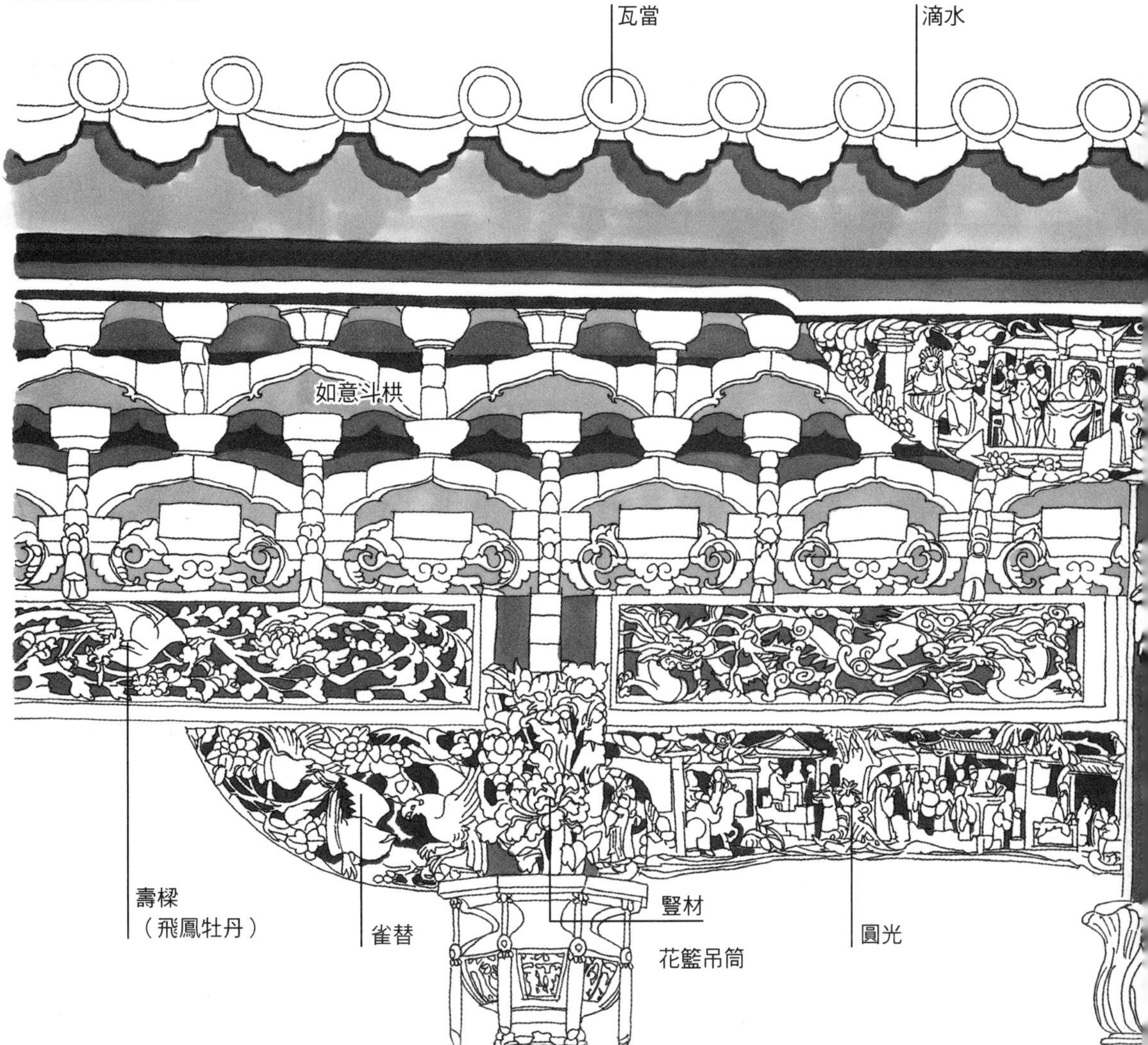

面，表現出匠師的構圖功力，值得仔細觀察。

中殿建築則可見到一九五五年重建時，台灣名匠黃龜理與唐山師傅蘇海萍的對場木雕作品，他們在正殿屋簷下的棟架、排樓、吊筒等木構件上雕滿了裝飾。對場較量的結果由黃龜理一方勝出，因而接續獲得殿內神龕的製作工程，蘇海萍則製作殿內的神案。黃龜理是台灣大木名匠陳應彬的徒弟，初學大木，後改作鑿花，成為匠界中的佼佼者。他雕作的神龕就像一座建築的微縮模型，比例與細節都非常成功。正殿之外，鹿港鑿花名匠李松林在一九七九年製作了後殿的神案。

龍山寺的小木作工藝集合了

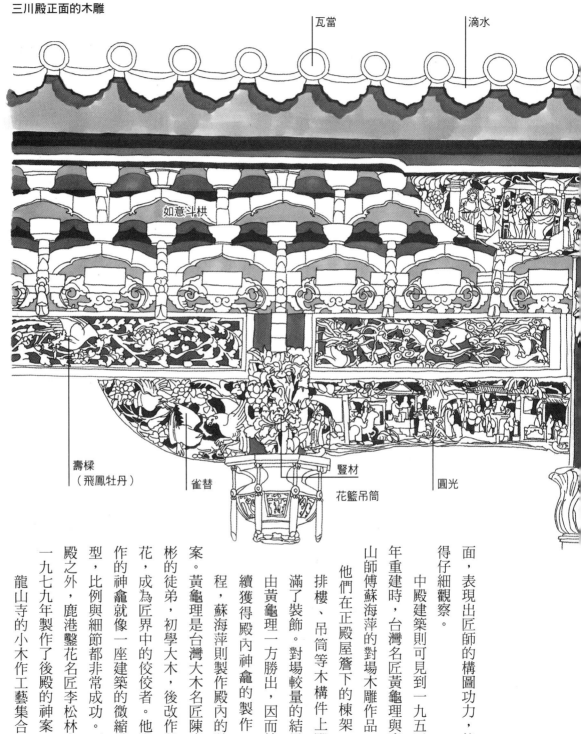

不同年代的頂尖高手作品，是台灣寺廟木雕的精華薈萃，也是名副其實的雕刻殿堂。

三川殿內的鰲魚木雕

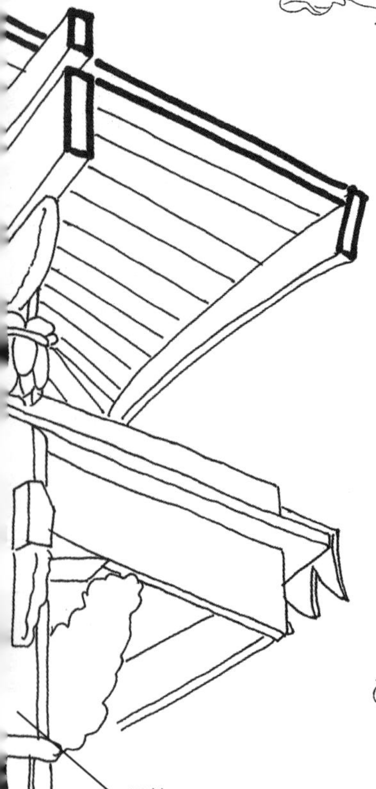

三川殿內藻井的獅座與象座木雕

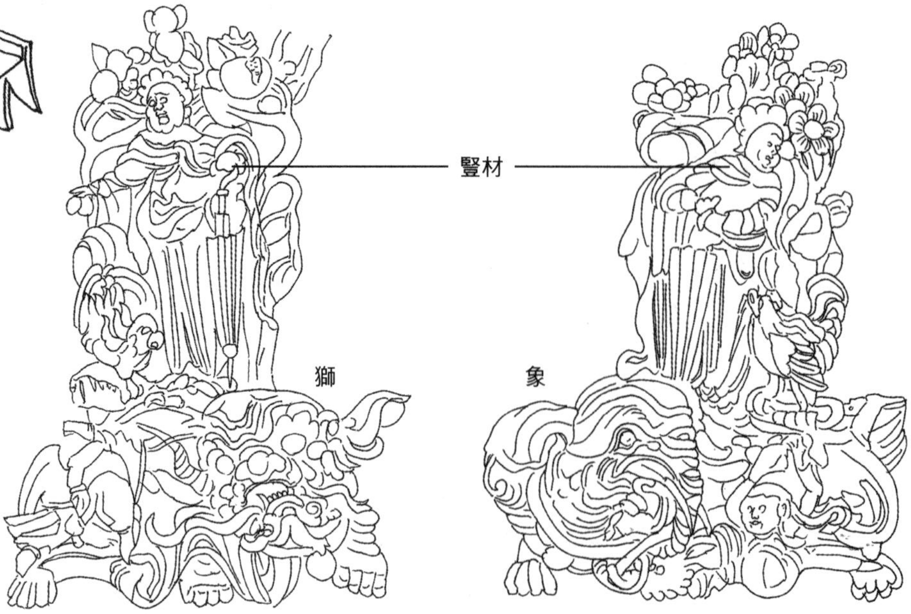

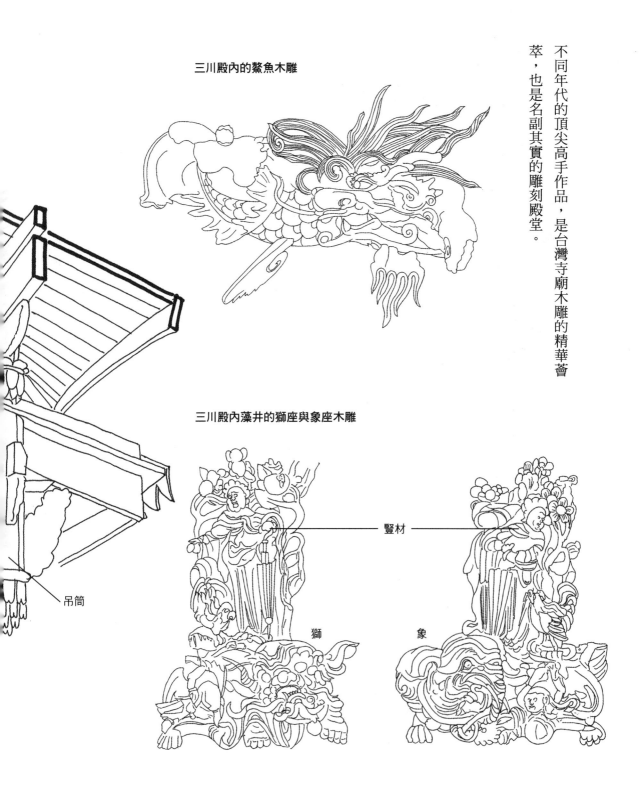

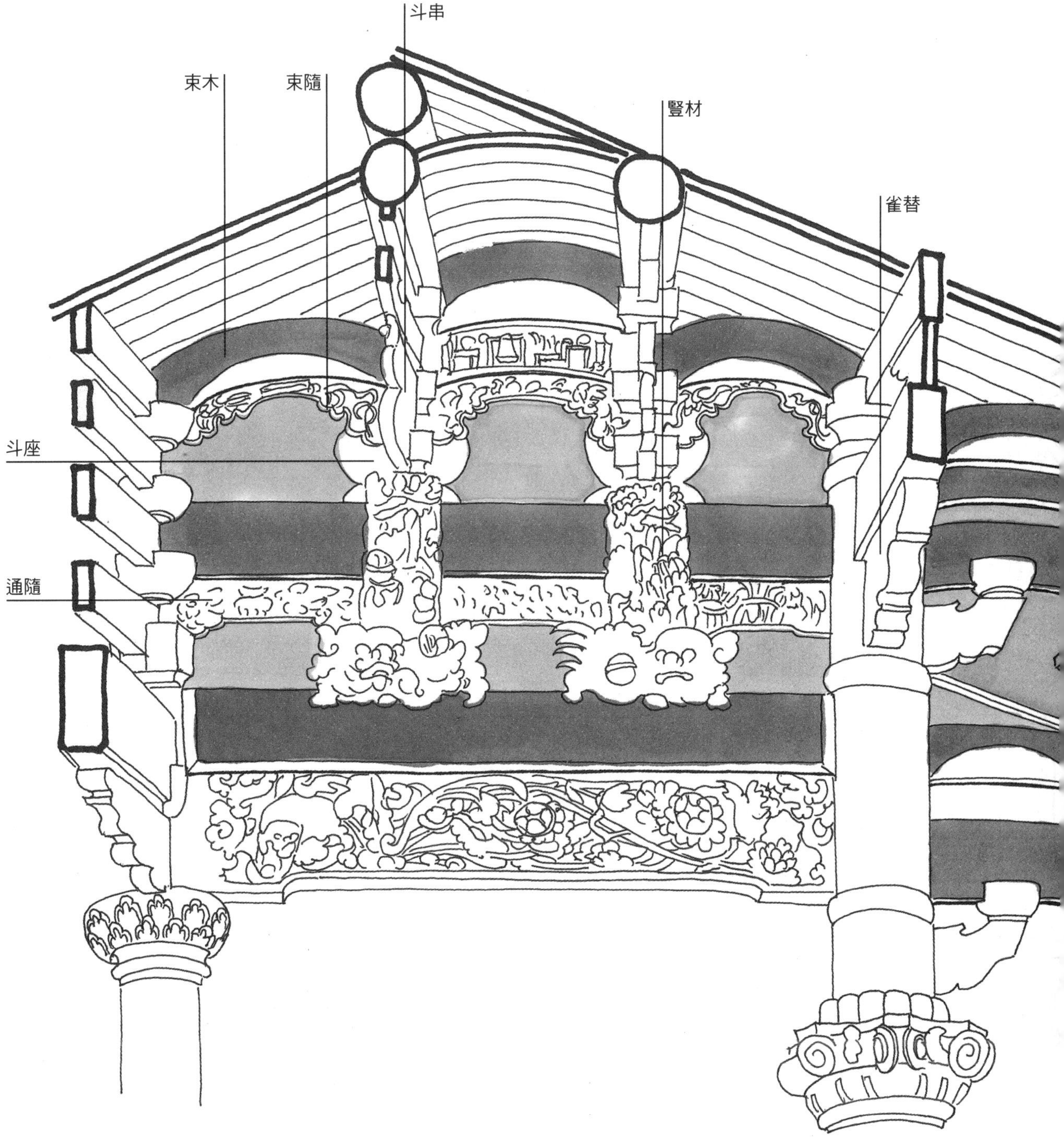

三川殿後方步口廊棟架面的雕刻

蘇海萍在龍山寺中殿
雕刻的神案局部人物

黃龜理在龍山寺中殿雕刻的神龕局部

匾額聯對及碑刻——歷史與詩文的交會

龍山寺巍峨的殿堂、精雕的裝飾與華麗的彩繪，表現了細膩的建築藝術。但在其中，還融合了豐富的文學藝術與歷史紀錄，也就是匾額、聯對與碑刻。

在傳統社會裡，寺廟不但是信仰中心，也是經濟、文化實力的展現，因此連官方都不能忽視其影響力。對於重要的寺廟，經常贈予匾額，懸掛在寺廟殿堂內。在戰爭時曾遭焚毀的龍山寺中殿內就有八面匾額，其贈予人都是在台灣歷史上相當重要的人物，包括清末曾經推動變法的光緒皇帝；官拜浙江提督、為清代台灣人任職官位最高的台灣人王得祿；曾在中法戰爭中於淡水擊退法軍的名將、福建陸路提督孫開華；清代台灣著名軍事將領、官拜福建陸路提督的霧峰林文察，還有日治時期著名的民政長官，奠定台灣發展基礎的後藤新平等人，這些都是龍山寺乃至於台灣歷史的重要見證，可惜由於中殿在二次大戰時中彈燒毀，這些匾額也隨之化為灰燼。

目前在聖母殿仍保存許多清代的古匾額，清代嘉慶、咸豐、同治等朝都有。三川殿內也存有清嘉慶古匾「佛法皈依」，其餘仍以近代匾額較多，較重要的有被尊為「監察之父」，以草書著名的于右任所寫的「光明淨域」匾。

除了匾額之外，寺廟中刻在牆堵或柱子上的對聯，也是在建造時向各界賢達人士募集而來的，從日治時期到戰後，撰書留名的人非常多，如國父孫中山先生之子，曾任行政院長的孫科，他寫的對聯位在廟口山門柱上，非常醒目。還有中國著名的思想家，領導戊戌變法的康有為、梁啟超，都在三川殿正面留下墨寶。梁啟超曾經到台灣訪問，與霧峰林獻堂關係友

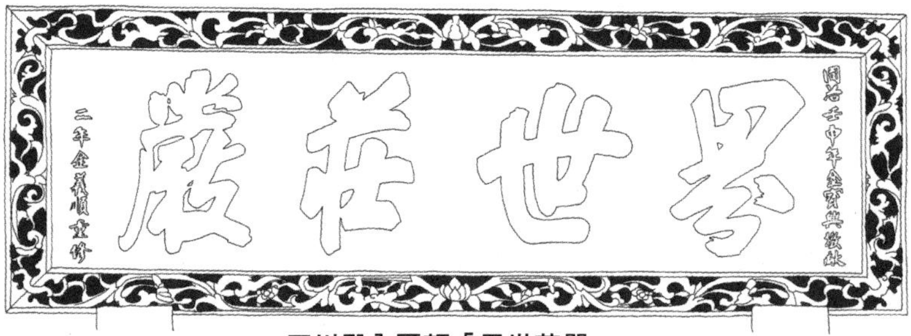

三川殿內匾額「界世莊嚴」

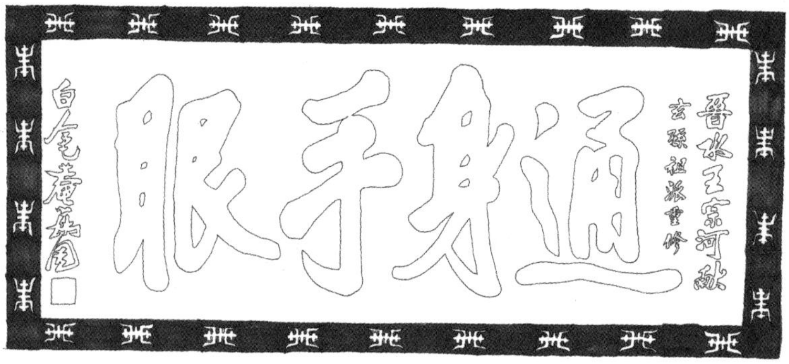

三川殿內匾額「通身手眼」

三川殿內匾額「光明淨域」，于右任著名的草書

三川殿內匾額「柔順利貞」

好，也對林獻堂領導的台灣民族運動有很大的影響。還有民國初年著名的將軍，曾任山西省長、行政院長及國防部長的閻錫山。亦有日本文人，如「漢文臺灣日日新報」主筆，精通書學的尾崎秀真；任法院通譯的詩人澤谷仙。也有許多台灣本土著名的文人，如新竹魏清德，曾任台灣著名詩社「瀛社」社長；有清代府城十大書法家之譽，曾為「台北新報」執筆的羅秀惠；基隆礦業巨頭，同時也雅好詩文的顏雲年；曾任台北大同中學校長，創設詠霓詩社，並於民國三十一年編纂《艋舺龍山寺全志》的劉克明。

此外，還有艋舺當地著名人士，如在艋舺創立愛愛寮，專門收容乞丐的慈善家施乾；清末富紳洪騰雲之孫，擅書畫的洪以南，以及擅長行草的洪雍平，兩人合稱「艋舺雙璧」；還有艋舺著名文人，曾在龍山寺東廂設帳受徒的黃福元。

出錢捐獻這些對聯的除了四方信眾之外，還有著名的商號富戶，如龍山寺著名的祭祀團體「四大柱」螺陽公會、晉水天上聖母會；艋舺著名郊商，曾任龍山寺管理人的林卿雲；號稱「財甲新艋，勢壓淡防」的著名船頭行李勝發；中日合辦，業務擴及中國大陸與南洋地區的華南銀行；艋舺最早的南管樂團「聚英社」，以及艋舺什音樂團「雅頌閣」等，都留名在龍山寺的聯對之中。

這些聯對詩文數目眾多，所採用的字體，有篆體、行書、楷書、隸書、草書等。內容除了表現觀音信仰，也提到許多和龍山寺有關的人事物。如「占筴當子午、濫觴鯤水始乾嘉」，說明龍山寺的坐向及創建年代；「泉地多文，海市亦占珠氣，郊原如繡，物華已徧瀛洲」，則將艋舺著名的商業團體「泉郊」寫入。也是寺廟詩文的重要特色之一。

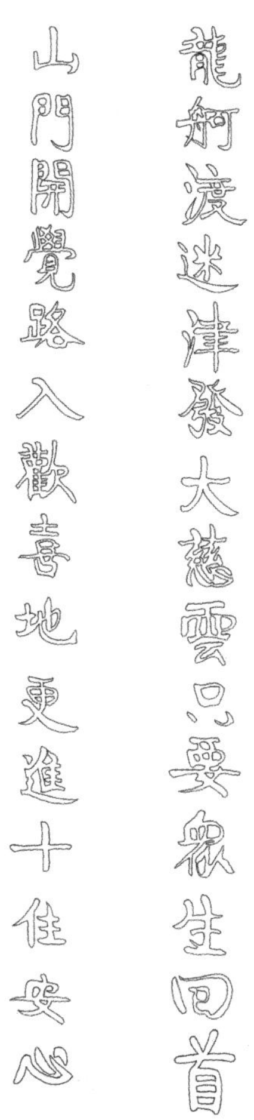

三川殿中門左右對聯
康有為書法（行楷）

在三川殿內部牆堵上，還鑲有兩塊碑，是一九二四年的「重修臺北龍山寺記」以及「寄附金芳名」，說明寺廟歷史、重修緣由及歷程，以及出資、出力的各方信眾芳名，並且附上收支明細，以昭公信。另外，在三川龍門內，還有道光九年的「補置龍山寺大士香田勒名碑記」，為當時信眾捐置香田，以維持寺廟運作經費的歷史，這些都是記載龍山寺史的重要資料。

另外一點值得注意的是，在一九五五年重建中殿時，將原本貼白磁磚的三道牆面，改以觀音山石，並且收錄中國歷代詩文名作，如明人董其昌、張瑞圖、黃道周及清人魯琪光、謝琯樵的作品，刻於石堵上。台灣寺廟殿堂外牆多以磚砌、白粉牆為主，或飾以壁畫，如龍山寺中殿以石刻詩文裝飾牆堵者，並不多見，也成為龍山寺的特色之一。

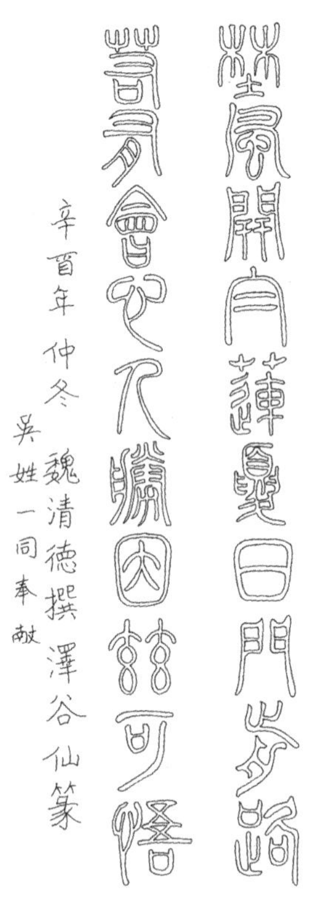

三川殿正面詩句
澤谷仙書法（篆體）

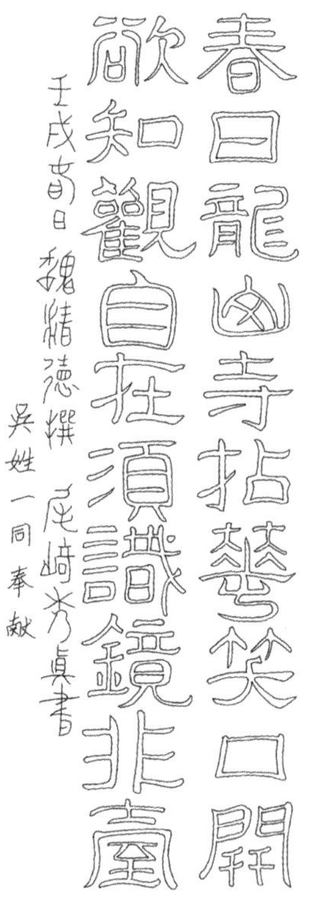

三川殿正面詩句
尾崎秀真書法（古隸）

三川殿正面詩句
無量癡者書（行草）

奉祀神祉

艋舺龍山寺的主神是觀音佛祖，供奉在中殿中央神龕內，採坐姿，身後有火焰形背光。左右兩側配祀文殊、普賢菩薩，並從祀韋馱、伽藍兩護法，左右壁各有一座十八羅漢山。

在佛教中，觀音、文殊、普賢為三大菩薩，又稱為「三大士」，文殊菩薩專司智慧，手執如意，坐騎為青獅，表示智慧威猛；普賢菩薩專司理德，手執蓮花，坐騎為六牙白象，表現威靈。韋馱面貌英挺，手持金剛杵，伽藍紅面長鬚，手持斧頭，即中國歷史上的關公，兩位皆為佛教的護法神。

觀音佛祖像

羅漢在佛教中，修行果位僅次於菩薩。而十八羅漢常見於台灣的觀音殿堂中，一般分列於殿內左右，有放置神龕內供奉者；也有塑造出模仿自然的山林洞窟，將羅漢放置洞內，稱為十八羅漢山。龍山寺的十八羅漢山，山形峻峭，有奇險之勢，且層次豐富、紋路細膩逼真，可說是泥塑山水的上乘之作。

普賢菩薩

文殊菩薩

觀音佛祖
文殊菩薩
十八羅漢
韋馱

中殿內全景
十八羅漢
普賢菩薩
伽藍

十八羅漢龕內除了奉祀羅漢之外，還一同奉祀山神、土地神、四海龍王。

龍山寺中殿內另有一尊珍貴的「釋迦出山」像，是日治時期「台灣第一位雕塑家」黃土水在一九二六年受魏清德委託雕造，奉獻給艋舺龍山寺，做為新建落成的禮物。這尊釋迦如來立像以南宋梁楷的水墨畫「釋迦出山圖」為範本而製作，原本為櫻木雕刻，可惜亦隨中殿燒毀而不存。所幸其原始石膏模型仍保存完好，後來以翻模方式製作出銅質複製品，現仍供奉於中殿內。

在中殿之後，是龍山寺的第三進，這裡奉祀的神明非常多，在中央的天上聖母殿內，主祀海神天上聖母，左右兩側供奉水仙尊王、城隍爺以及註生娘娘、池頭夫人、福德正神等。其中水仙尊王即中國歷史上的大禹，屬於水神之一，為清代郊商崇奉之神明。艋舺原本建有水仙宮，但在日治時期市區改正時遭拆除，神像先移至地藏王廟內，後來又移至龍山寺內奉祀，城隍爺也是同時期由外移入的神明。

釋迦出山像

聖母殿內供奉的池頭夫人則與艋舺的一段歷史故事有關。相傳在某個夜晚，漳州人欲偷襲泉州人，幸虧當時有一位孕婦在龍山寺水池邊，及時發出預警，使得漳州人的偷襲以失敗收場。但是在過程中，這位孕婦不幸遭難，地方人士感念她的義行，為她塑像供奉，為「池頭夫人」，可保護產婦安全。

聖母殿內另外還供奉一位很特殊的神明——龍爺，祂的形象是一尊龍頭。從祖廟安海龍山寺到鹿港龍山寺、艋舺龍山寺等，都在廟內奉祀龍頭，也就是龍王海神，又稱為龍船頭。這是長年在海上貿易的郊商一種祈求平安的信仰。在王一剛的〈艋舺歲時記〉中記載，以往每年正月初五，艋舺龍山寺以及媽祖廟的龍船頭都會出巡遶境，在龍口插榕樹枝，民眾摘下放在頭上，可以消災治病。不過這個習俗現在已經看不到了。

聖母殿之左為文昌帝君殿，內供奉文昌帝君、大魁星君、紫陽夫子等。聖母殿之右為關聖帝君殿，內供奉關聖帝君、三官大帝、地藏王菩薩、華陀先師等。這些都是屬於道教與民間信仰範圍的神祇，和中殿內屬佛教的觀音佛祖不同。關聖帝君由於重節義，因此多為商人所奉祀，而文昌則是主文運，為讀書人所重視的神祇。聖母殿前方西側還有月老廳，奉祀主姻緣的月下老人，頗受民眾歡迎。

龍爺

除了神明與信仰外，我們也可以從造像藝術的角度來看龍山寺的神明。艋舺地區屬泉州三邑人，因此原先龍山寺的造像風格也屬於泉州式。一九四五年，中殿遭美軍轟炸焚毀，中央神龕內的觀音佛祖仍端坐於殿內，僅表面燻黑而已，其他殿內神像則都毀壞。大殿重建之後，聘請了福州匠師潘德氏重新裝修觀音佛祖像，因此我們現在看到的觀音佛祖，是一尊「泉州式骨架、福州式表皮」的神像。另外，中殿內的文殊、普賢菩薩和韋馱、伽藍兩護法，則以泥塑法重新製作，十八羅漢則以木雕新作，也都是福州匠師的手筆。而聖母殿內的神像，由於未遭戰火波及，因此至今仍保存了標準的泉州派造像風格。

由此可見，龍山寺不但奉祀的神祇眾多，涵蓋佛教、道教，眾神各司其職，滿足了民眾廣泛的信仰需求，且在造像藝術上，也兼有泉州、福州兩大重要的風格，在信仰與藝術方面都具有豐富的內涵。

媽祖像

祭典與廟會活動

龍山寺屬於佛道融合的寺院，各種宗教活動與祭典相當多。平日進入寺內，便可見到許多穿著黑衣的修行者，在三川殿與中殿內外唸誦佛經，這是讀經班，每天早上六點便在龍山寺內進行早課，下午三、四點左右，又進行晚課，是屬於在佛寺內進行的日常修行。也有很多民眾端坐在寺內各角落唸經修行。再加上每日人來人往的香客與遊人，讓龍山寺終年人潮絡繹不絕。

每年從農曆正月初一開始，龍山寺提供的點光明燈服務總是吸引許多民眾排隊點燈。點燈的用意在於期望得到神明保佑，帶來好運氣。另外還有財神燈、藥師燈、平安燈，祈求財運及健康平安。這些燈製作成高塔及燈牆後，放置在後殿內，在黑暗中發出黃色的燈光，更加增添了寺內莊重的氣氛。

觀音佛祖花燈

到了農曆正月十五日，稱為上元節，也就是元宵節，擺放花燈是傳統民間習俗。在日治時期，龍山寺獲得日人特許，每年舉辦盛大的燈會，是台灣三大元宵燈會之一。戰後，龍山寺的元宵花燈依舊是台北市重要的元宵活動，每年展出數百盞電動花燈，龍山寺附近也因此形成大規模的「燈市」，街道上堆滿了花燈供遊人選購。不過，現在台北市政府會主辦大型燈會活動，龍山寺的燈會規模已不如往年，但仍是極富特色的燈會活動。每年到了元宵燈會，整個外圍牆都豎立起整片的燈籠，

每年燈會放在廟前的「平安總燈」

宣告著燈節的到來。牌樓門上的蟠龍燈則歡迎著到寺的遊人，除了寺內走廊上懸掛許多小型花燈之外，在三川殿前方廟埕還設置大型的「平安總燈」，以及代表當年生肖的主題燈，供民眾由燈下穿越，祈求平安。中殿周圍走廊上也掛滿燈籠牆，並製作以台灣俗諺為主題的電動花燈，深具濃厚的民俗風味。在清代的艋舺，元宵節還有稱作「走佛」的炸寒單習俗，不過現在已經看不到了。

農曆四月初八是浴佛節，也就是佛祖釋迦牟尼誕辰日。龍山寺每年此時都會舉辦慶典活動，主要是以迎佛、遶境和浴佛等活動來紀念佛祖誕辰。浴佛儀式起源於佛降生的時候，雙龍吐水則是沐浴的由來，而藉此浴佛活動，也帶有洗淨人心的意涵。

農曆七月十五日是一年中重要的節日——中元節。按民間習俗，農曆七月為鬼月，因此為了祭祀無主孤魂，台灣各地都會舉辦普渡活動。龍山寺的中元祭典稱為「蘭盆勝會」，兼有佛教與道教儀式。在整個農曆七月中，陸續有立燈篙（聚集無主孤魂的標誌）、牽䡾（救地獄血池中的亡魂）、誦經超渡、放

水燈、普施等活動。水燈筏的製作與遊行，在清代亦是重要的民間活動，水燈筏會先巡行艋舺地區主要的寺廟，再到淡水河邊施放。

龍山寺中元祭中舉行「牽⿰車藏」儀式

以往普渡時，還會製作棧臺，又稱為「孤棚」，台上以竹編成塔型的「棧」，上面放祭品，艋舺以往普渡之盛大，可多達四十五棧的規模。祭典結束之後，再將祭品發放給窮人，孤棚上插有一面「慶讚中元」紅旗，據說可保佑航海平安，遂成為眾人爭搶的目標之一，這樣的活動稱為「搶孤」。只不過，搶奪經常導致暴力行為，在清末遭到台灣巡撫劉銘傳禁止。因此，目前在龍山寺的中元節活動中已不見搶孤活動。

除了以上例行的盛大祭典之外，每年還有觀音佛祖誕辰、媽祖誕辰、菩薩成道、菩薩涅盤、阿彌陀佛誕辰等節日，舉行廟會、法會與不定期的建醮活動。

比如在二〇〇九年兩百七十年寺慶時，舉行消災祈福法會及放水燈普渡、歌仔戲、藝陣表演等活動。這些活動涵蓋了佛教與道教的領域，可說是現今台灣民間信仰寺廟的縮影，非常有特色。

除了宗教活動之外，龍山寺還舉辦各種社會救濟以及社會教育的服務，如急難救助、贊助公益團體、舉辦成年禮、興建圖書館、頒發獎助學金等，表現出寺廟與地方的緊密關係。

龍山寺兩百七十年寺慶時，於三川殿內搭建玉皇壇

今日的龍山寺

光復後，除了寺廟建築本體的整修之外，龍山寺對於周邊環境的整理也花費了很多心思，歷年來不斷增修。一九六〇年代，聘請大木匠廖石成設計新建了廟前山門牌樓，以及周圍圍牆，將廟地與人行道區隔開來。牌樓立四根柱，寬三開間，中央較高，兩側較低，牌樓門的斗栱層疊、翼角起翹，與三川殿建築相映生輝，成為龍山寺的新門面。

一九八二年，經內政部公布，艋舺龍山寺被指定為臺閩地區第二級古蹟，確立了艋舺龍山寺為台灣重要古蹟的地位。一九九〇年，在寺旁右側原本是消防隊的位置上，建造起地下化廁所。這個設計不但提供遊人乾淨現代化的廁所，也不影響周圍景觀，是古蹟保存規畫的良好示範。一九九六年，在三川殿左前方建造了淨心瀑布，高度三層樓，飛落而下的水聲淹蓋了山門外車水馬龍的聲音，使人入寺便可感覺清靜，也成為寺前一個重要的景觀。二〇〇〇年，鑒於民眾到廟內祈願燒金的傳統不符合環保潮流，龍山寺全面停止燒化金紙，成為傳統寺廟踏入環保潮流的先驅。今日我們所見到的艋舺龍山寺。從一九二四年完成的建築格局，到戰後一九五五年中殿重建，以及之後陸續的整修與增建，是各個時代用心保存與維護增修的成果。

美人照鏡池在清代位於龍山寺前方，但一九二〇年大改建時，寺方將此筆土地捐贈給當時的台北市政

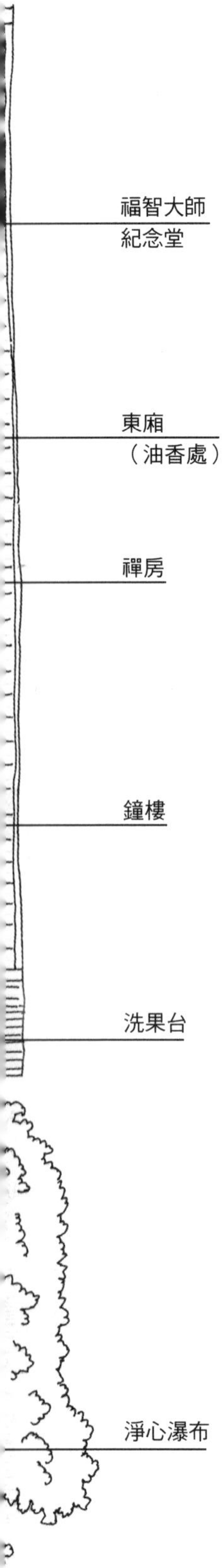

龍山寺現況配置圖

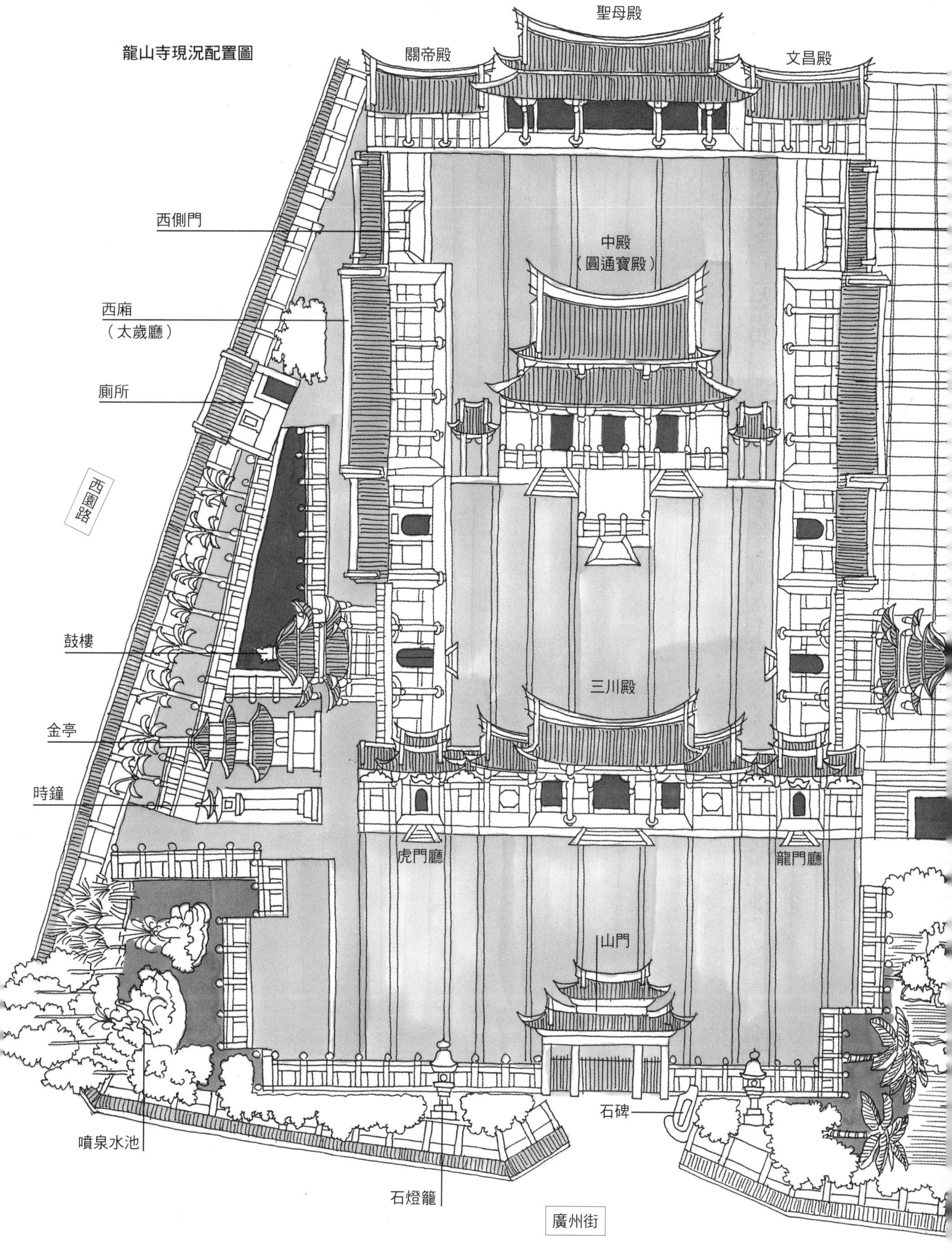
聖母殿
關帝殿
文昌殿
西側門
中殿
（圓通寶殿）
西廂
（太歲廳）
廁所
西園路
鼓樓
三川殿
金亭
時鐘
虎門廳
龍門廳
山門
石碑
噴泉水池
石燈籠
廣州街

府做為公園地，由柳町（現桂林路西側鄰近淡水河一帶）挖土來，填平水池，並將老松町（現老松國小及其東南地區）的老榕移植到公園內。公園和古剎由此結合，成為台北著名的景點。龍山寺公園也和圓山公園、新公園、三線道路（將台北城牆拆除後，建造的公園型道路）等，並列為台北市四大公園。

龍山寺公園自一九五六年開始，由台北市政府借以安置寺廟周圍的臨時攤販，並逐漸發展成龍山市場，到了晚上熱鬧非常，是台北市著名的夜市之一。民眾閒暇之餘除了到龍山寺拜拜，還能逛龍山夜市與華西街夜市。不過，如此一來，也改變了龍山寺自日治時期以來的清幽環境，並逐漸產生遊民問題。遊民在寺前隨地坐臥，經常與警察及寺方人員發生衝突，對遊人及信眾來說，也增添了安全上的顧慮。一九八〇年代台灣解嚴之後，龍山寺還一度成為黨外人士集會遊行的重要據點。這些情形都對寺方產生很大的困擾。自一九九〇年起，寺方開始進行「淨化寺廟」的工作，以維護寺前寧靜。直到二〇〇三年才又重新開放廣場，提供藝文活動進入廣場表演。

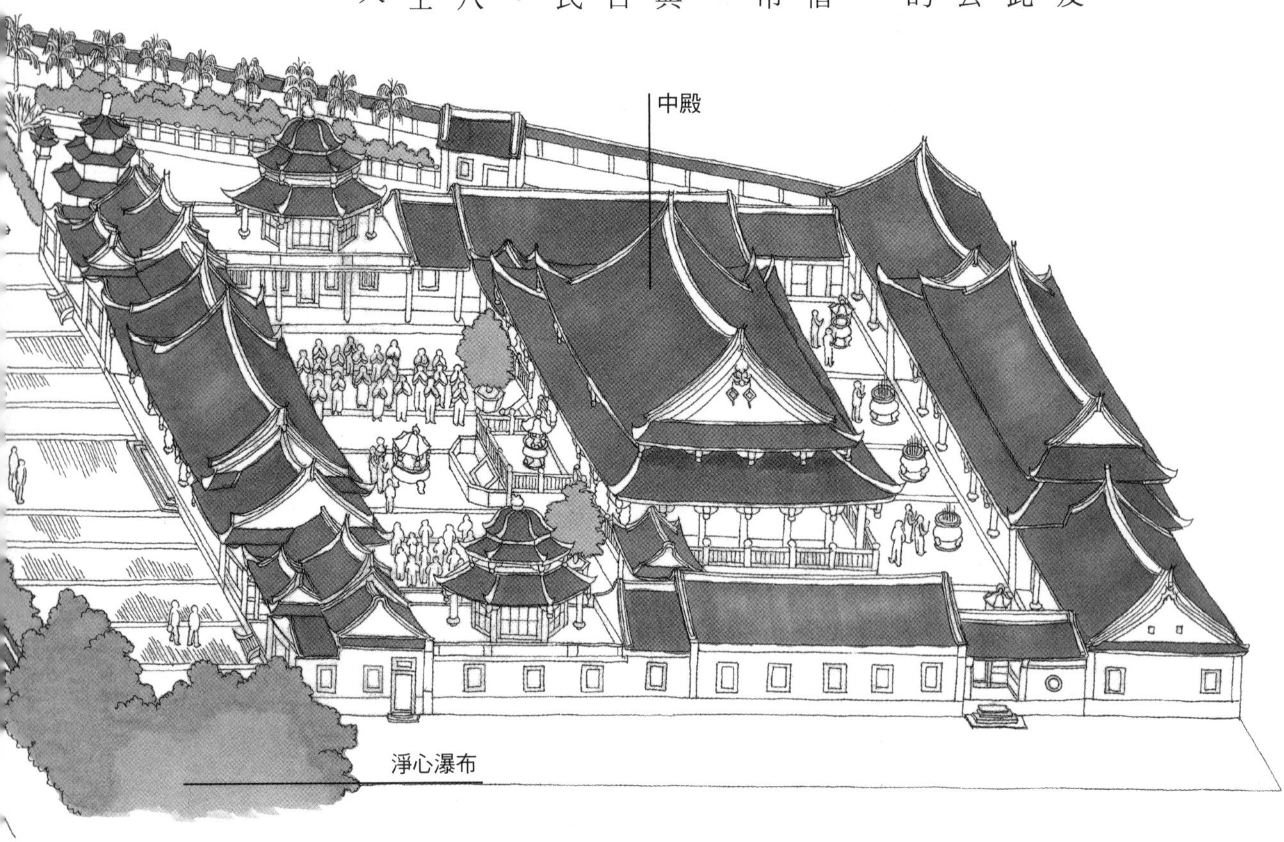

從一九九二年開始，市政府有感於龍山市場攤販景觀與古剎並不協調，開始編列經費整治。經過多年努力，終於在二〇〇五年重新將這塊地恢復成為公園地，亦即現在看到的「艋舺公園」。地上為開放式的廣場，地下為商店街及停車場，並與捷運站相通，是一個結合商業、觀光、休閒、集會、交通等的多功能公園。而這個公園，恰恰位於清代龍山寺前方水池的位置。至此，龍山寺終於又重現當年寺前開闊的空間。公園內新設置的美人照鏡池，甚至有定時的水舞噴泉表演。

在公園完成之前不久，位於龍山寺前方的捷運站「龍山寺站」，隨著板橋捷運線完工而於一九九九年啟用，龍山寺地區正式融入了台北市便利的捷運網路，開啟了交通及觀光的新時代。如今，每天都有一輛輛的觀光遊覽車把遊

現在的龍山寺全景

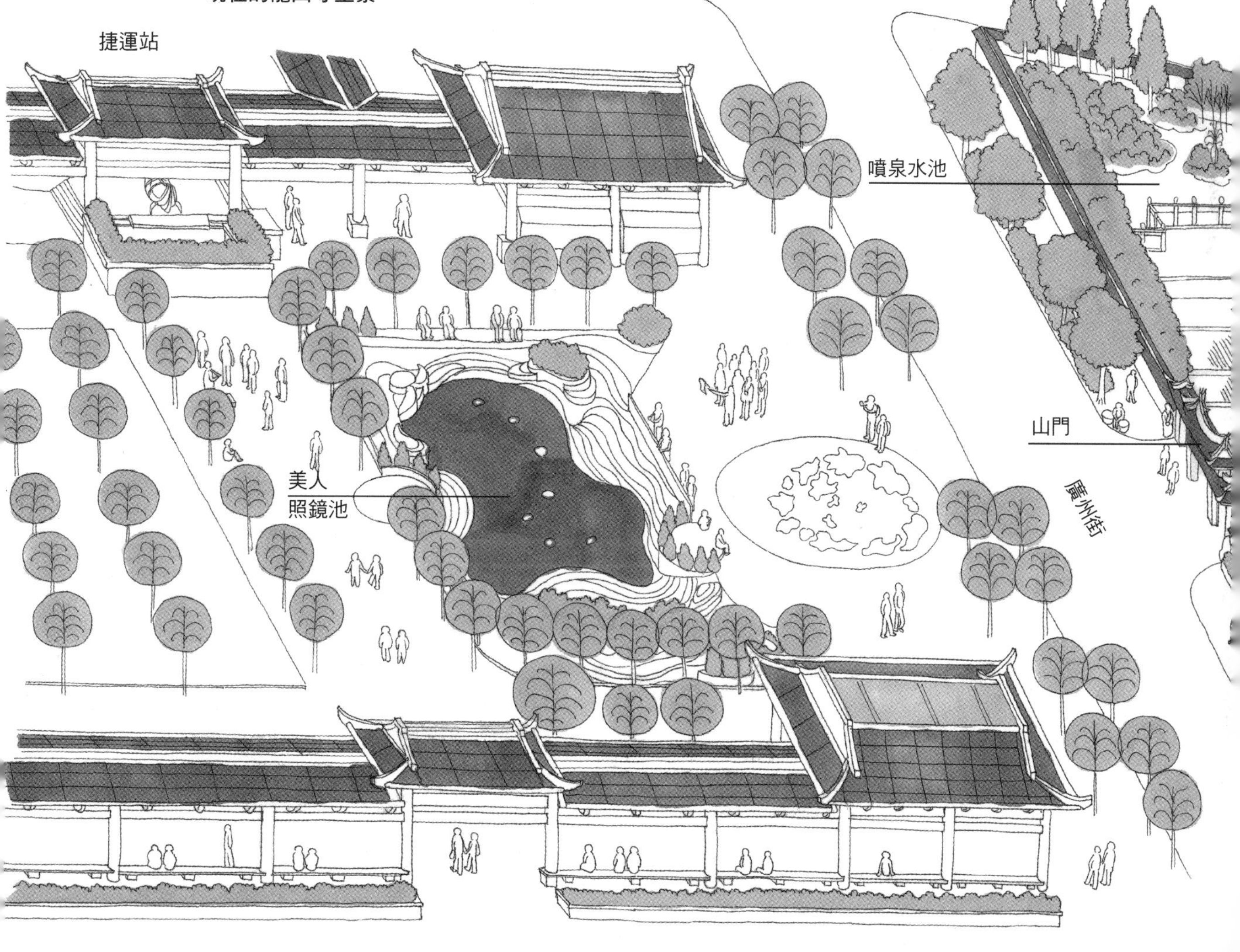

客送到龍山寺門口，導覽人員向到訪遊客解說龍山寺今昔故事，香客從四面八方湧入龍山寺山門，寺內香煙繚繞、誦經聲不絕於耳，龍山寺已經成為台北市最著名的古寺廟，也是主要的觀光景點。

台北市從清代幾處漢人的商業聚落、一八八〇年代台北城的建造，再經過日本人五十年的治理，以及一九四五年之後不斷的開發，已經成為一個擁有兩百六十萬人口，兼具政治、經濟、文化特色的大都會。台北西側的萬華地區雖然市容較為老舊，但做為台北最早開發的商業聚落，仍然擁有許多古老的建築與蓬勃的民間信仰活動。而龍山寺、祖師廟、青山宮、地藏庵、將軍廟、慈雲寺、台北天后宮等，都是萬華地區重要的寺廟，其中規模最大，香火也最鼎盛的龍山寺，在文化藝術、宗教、觀光方面，具有指標性的意義。未來該如何兼顧古蹟保存以及都市規畫，使萬華成為新舊並存，具有傳統文化特色的現代化都會，是相當重要的課題。而在結合萬華地區的古蹟保存、文化傳承以及觀光旅遊等面向時，龍山寺仍將扮演重要的角色。

龍山寺周邊文化景點

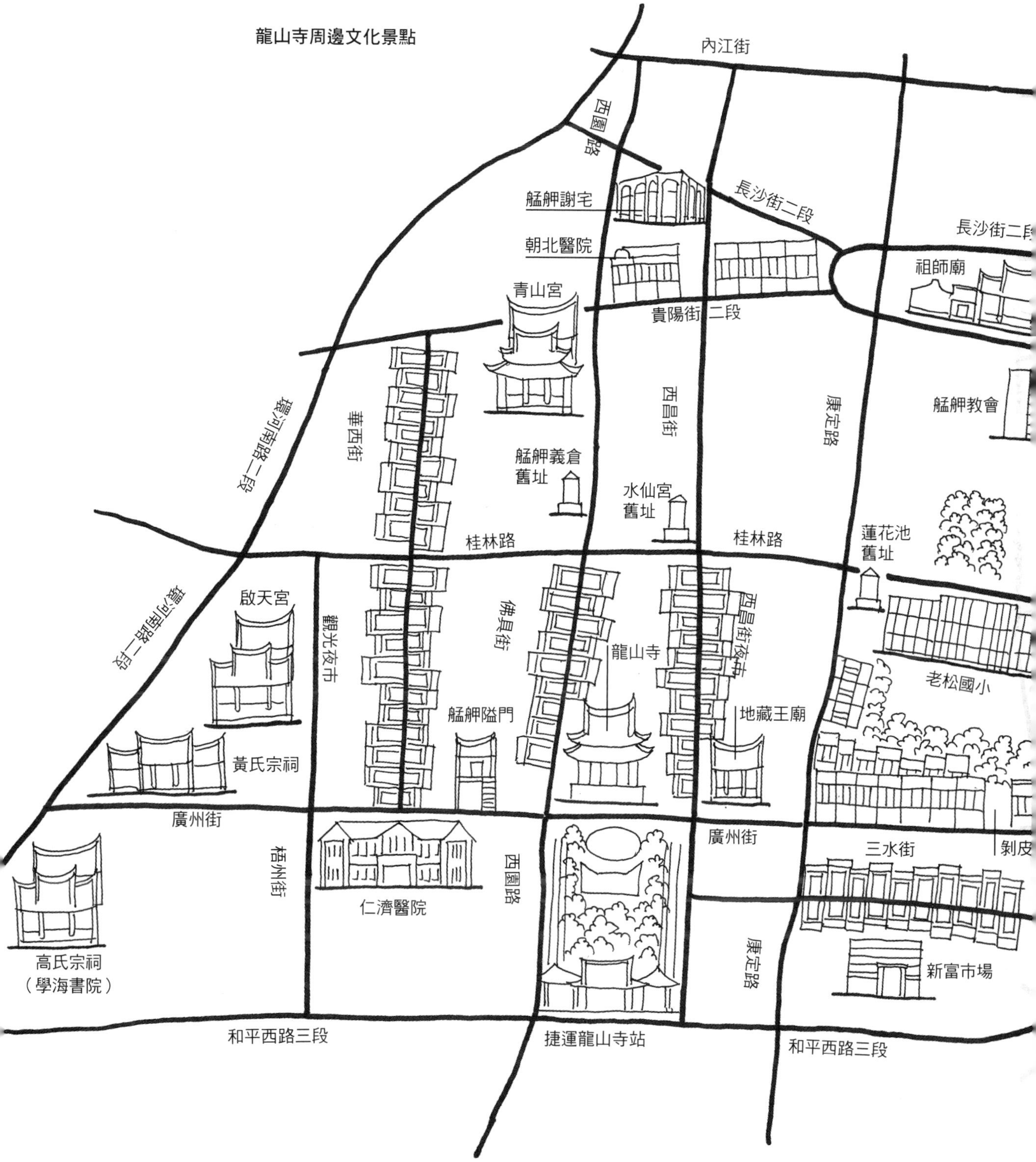
內江街
西園路
長沙街二段
艋舺謝宅
朝北醫院
長沙街二段
祖師廟
青山宮
貴陽街二段
艋舺教會
華西街
西昌街
康定路
環河南路二段
艋舺義倉
舊址
水仙宮
舊址
桂林路
桂林路
蓮花池
舊址
啟天宮
環河南路二段
觀光夜市
佛具街
西昌街夜市
龍山寺
老松國小
艋舺隘門
地藏王廟
黃氏宗祠
廣州街
廣州街
三水街
剝皮
梧州街
西園路
仁濟醫院
康定路
新富市場
高氏宗祠
（學海書院）
和平西路三段
捷運龍山寺站
和平西路三段

專文：日治時期台灣寺廟建築概述

日治時期台灣寺廟風格

艋舺龍山寺改建落成的日治時期，在台灣建築史上，是個百家爭鳴的時代。日本人引入的西洋式、日式等異國風情，對台灣人來說，是一種時代潮流，因此在街屋、寺廟、住宅等傳統建築中，都可見到這種流行文化的影響，加之以新材料、新技術的引入，使得日治時期寺廟建築風格和清代有所不同。

總括而言，寺廟建築在這一時期有以下特色：

一、**精雕細琢，以華麗見長**

日治時期由於經濟景氣，特別是在一九一〇到一九三〇年代，民間富庶，信仰活動非常活躍，對廟會及寺廟修建都有能力投入鉅資，在建造時也流行「對場」的競技方式，這些條件都使得寺廟建築精雕細琢

龍山寺華麗的雕琢風格

的流風大為發展。無論是石雕、木雕、彩繪、剪花，都有許多傑出作品。

二、材料多樣化

日治時期的建材如紅磚（機器磚）、面磚（磁磚）、水泥等材料，都在台灣設廠生產。在官方建築中普遍被採用，也逐漸為傳統建築吸納。以鐵筋加上水泥作成的樑，在日治時期就已經用在寺廟建築上了。早期流行的白色磁磚貼面，以及較晚流行的彩繪磁磚，也使寺廟呈現出不同的風貌。

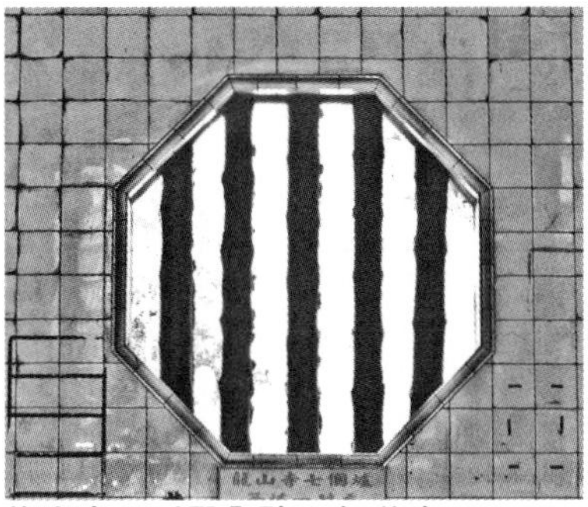

龍山寺三川殿內貼白色磁磚

三、仿西洋風格

這一點在木雕、石雕、彩繪中都可以見到，以西洋式柱頭取代傳統的金瓜柱頭，雕刻西式門窗以及穿著西服的洋人，彩繪則有畫出富士山、軍艦、日圓的作品，西洋花草的裝飾圖紋更是普遍，在當時是一種追求時尚流行的表現。

龍山寺三川殿的西洋柱頭

四、泥塑工藝的發展

日本人為了建造西洋式街屋以及公共建築中大量的西洋柱頭、花草等裝飾，引進了開模印花、洗石子、磨石子等工法，為台灣工匠吸收之後，應用在寺廟建築中。開模印花是以水泥模製作「番仔花」的工藝。洗石子、磨石子則是一種人造石的技術，以水泥、色料以及碎石，製作仿石材質感。這種工藝多用在寺廟建築的牆面裝修，也用在地板、神龕上。

艋舺龍山寺建築上的石雕、木雕數量很多、作工精美，表現出日治時期特有的華麗風格，銅龍柱更是全台僅見。雖然整體採用傳統造形，但在一些局部採用了西洋元素，如石雕西洋柱頭、西式門窗、泥塑洗石子作成的西洋花裝飾，並且作了白磁磚貼面，都表現出當時的建築流風。

龍山寺聖母殿的
泥塑洗石西洋花

日治時期建築大匠——王益順與陳應彬

日治時期台灣寺廟改建的數量非常多，大量的工作機會使得名匠輩出，主導寺廟建築設計的大木匠師，以陳應彬和王益順兩位最重要，他們領導的大木匠幫，囊括這個時期大部分的重要作品。這兩個匠幫的作品規模既大、作工也精緻，並且傳徒眾多。最重要的是，他們對於這個時期寺廟建築造形的重新定義與詮釋，對當時與往後的建築發展，產生了決定性的影響。

陳應彬是台北三重人，師承漳州風格的大木技法。他的作品有三個重要特徵：假四垂頂（或稱「太子樓」）；螭虎栱組成的看架，以及華麗的藻井。假四垂頂是在一個硬山頂上加裝

陳應彬設計的假四垂頂（北港朝天宮三川殿，1912年）

陳應彬設計的螭虎栱（北港朝天宮三川殿，1912年）

陳應彬設計的長枝八角藻井（北港朝天宮龍虎門，1912年）

一個歇山頂，這種重疊屋頂的結構比歇山重簷頂更加複雜，內部產生高挑寬敞的空間也是一絕。

以吊筒組成看架是漳州派木構中重要的裝飾手法，事實上在早期的泉州派建築中也可見到，但是到了日治時期，則似乎成為陳應彬的專利。他經常用螭虎栱來設計看架，並多用溜金斗栱的方式，使前後達到力學平衡，這一點與王益順慣用的網目斗栱有很大不同。人稱陳應彬的螭虎頭有一百零八種變化，在陳應彬設計的寺廟中，抬頭就可看到許多螭虎頭層疊在屋架上，好不熱鬧，將原本堅硬的建築材料，刻畫出

陳應彬設計的看架斗栱（北港朝天宮三川殿，1912年）

王益順設計的網目斗栱（艋舺龍山寺三川殿，1924年）

靈動的生氣。

由陳應彬主持，一九一二年落成的北港朝天宮，其精雕細琢的程度，無論是在藝術表現或者木構造的創意上，都可說是日治時期的經典作。朝天宮明確表現出上述三個特徵，中門作出了假四垂頂，內部作螭虎看架，左右龍虎門內分別有一座規模很大的長枝八角藻井（長條形的八角藻井），採用了複雜的斜栱，並出跳七層而成，華麗中帶有典雅，這是他最成功的一座藻井之一。在稍後一九一七年落成的台北保安宮，完成了大型的五開間假四垂頂，內部挑高極寬敞，這也是陳應彬的代表作之一。

王益順設計的艋舺龍山寺，明顯表現出他與陳應彬的不同。首先屋頂形式用斷簷法，而不用假四垂；在看架部分用的是細密的網目斗栱，或者是規矩的計心斗栱，和陳應彬的螭虎栱看架比起來，顯得較規格化，結構理性的成分比較高，主要殿堂的室內廣用藻井與平頂天花，也讓建築室內顯得比較莊嚴。簡要來說，王益順所設計的建築，比較強調木構造的表現，雕刻裝飾在視覺上的地位比較低，陳應彬則傾向於將

王益順一派設計的藻井（鹿港天后宮三川殿，1936年）

建築結構與雕刻裝飾融於一體。

完成龍山寺之後，王益順接著又與派下徒弟們設計建造了新竹城隍廟、南鯤鯓代天府、鹿港天后宮、彰化南瑤宮等大廟，除了南鯤鯓代天府之外，其餘三座的三川殿都是以艋舺龍山寺為藍本。戰後陳應彬徒弟廖石成所設計的水泥廟台北行天宮，也幾乎是艋舺龍山寺的翻版，其餘模仿之作還有很多，可見龍山寺設計之經典。此外，王益順還設計了台北孔廟，台北孔廟的大成殿與龍山寺中殿造形相近，可說是姊妹作品。龍山寺中殿既遭戰火燒毀重建，台北孔廟大成殿遂成為王益順手筆中，現存唯一的歇山重簷殿堂。

彰化南瑤宮三川殿，正面用斷簷法，和艋舺龍山寺相同（1936年）

艋舺龍山寺的建築匠師

艋舺龍山寺從一九二〇年代大改建到歷代的重建、修建，幾乎都是由當時的建築名家參與，這在台灣著名的寺廟建築中是很普遍的現象，現在的龍山寺，可說是匯集了各時代名家作品的藝術殿堂。

一九二〇年代參與改建的石匠中，最引人注目的就是惠安蔣氏家族，他們在日治時期前後來台灣工作的人數，超過六十人，對台灣石雕工藝的影響很大。另外還有台灣本土名匠辛阿救的龍柱作品，可惜毀於戰爭。換句話說，龍山寺的石雕是唐山匠師與本土匠師聯合打造的。當時的分工細節並不清楚，只有一對花鳥柱有落款，不過在三川殿中門兩側最重要的兩扇人物窗，佈局明顯不同，很有可能是對場作品。

惠安蔣氏家族在台灣早期的作品，見於北港朝天宮（建於一九〇八年到一九一二年）。說明這個著名的匠派很早就來到台灣工作，接著他們又作了艋舺龍山寺、新竹城隍廟、南鯤鯓代天府、鹿港天后宮、彰化南瑤宮等重要作品。其中艋舺龍山寺之所以引人注目，是因為其建築高度特別高、所用的石雕量大，石材色彩搭配典雅，令人嘆為觀止。而鹿港天后宮的石雕尺寸之大、作工之精，則堪稱惠安蔣氏石雕的經典作品。

一九五五年改建龍山寺中殿時，出現了張木成與蔣銀牆兩位石雕名匠作品。他們兩位在戰後作了很多寺廟修建工作，具有一定的影響力。張木成師承父親張火廣，屬於惠安石匠幫的功底，張火廣於日治時期來台後，在台北大稻埕開設「張協成」石店，而張木成雖然具有頭手（師傅頭，負責設計圖樣並打粗胚）功夫，但據說在戰後不久就成為四處包工的承包商，較少下場工作，因此他在一九五六年為艋舺龍山寺中殿親手打造的一對龍鳳柱，遂成為難能可貴的珍品。而蔣銀牆在戰後仍不斷工作，他的功夫老練，是公認的名匠，並經常為張木成聘請，四處工作。

此外，剪花匠師也很值得一談。一九二〇年龍山寺改建時，是由洪坤福、林平兩位負責剪花工作。其中洪坤福在台灣剪花界鼎鼎有名，在北港朝天宮改建時，隨師父柯訓來台參與剪花工程。他是廈門匠師，來台時間早，作品遍及北中南，影響廣布。他著名的五位弟子陳天乞、張添發、陳專友、姚自來、江清露，人稱「五虎將」，在出師之後更是開枝散葉，影響力持續至今。他們派下的作品主要在台灣北部及中部。在戰後的中殿重建工程中，剪花工作交由陳天乞與朱朝鳳（廈門剪花名匠蘇陽水的徒弟）對場，接著在稍後一九六〇年代的屋頂修建工程中，張添發以玻璃剪黏手法作了三川殿屋頂，佈局流暢，作工極精，是戰後玻璃剪黏的經典作品。接著張添發與陳天乞兩位同門師兄弟又分別製作龍門、虎門屋頂的交趾陶人物，也屬一流作品。艋舺龍山寺的剪花藝術，充分表現了洪坤福一派的手藝。

在彩繪方面，一九二〇年代大改建時有吳烏棕、洪寶真等北部彩繪名家參與，他們的作品現在幾乎已經不存世了，可惜在艋舺龍山寺也沒能留下。

日治時期台灣建築彩繪的匠派，以北部洪寶真、許連成；中部鹿港的郭新林、柯煥章；南部的陳玉峰、潘春源等三大流派最為著名。其中北部擅長包巾彩繪，垛頭以捲草紋、螭虎紋為主；中部鹿港派則無論用色、構圖都極典雅，精細的盤長紋垛頭是其特色，南部派則擅長畫垛仁內的山水人物畫，並流行製作壁畫。這三個派別的匠師都曾經在艋舺龍山寺留下墨跡，目前在虎門廳正面留有鹿港派郭佛賜的作品，三川殿中門正面有台南派陳壽彝作品，龍門廳正面有苗栗張劍光匠師的作品，這些都是一九六七年對場整修時所作，他們的垛頭與人物畫風各不相同，值得仔細觀察。寺內其他部分的彩繪作品，則多半是近年由名師潘麗水的徒弟蔡龍進所作。潘麗水師承父親潘春源，人物畫功力深厚，門神風格華麗細緻，並注重陰影表現，很有特色。他在台灣南部留下非常多作品，傳徒亦多，在彩繪界的影響力很大。潘麗水晚年在台北保安宮留下的巨幅壁畫，是他重要的代表作品。

台北許連成畫的軟團垛頭（艋舺黃氏家廟，1986年）

鹿港郭新林畫的硬團垛頭（彰化節孝祠，1923年）

參考書目（按筆畫順序排列）

- 王詩琅《台灣人物誌》，海峽學術出版社，2003。
- 王見川、李世偉著《臺灣的寺廟與齋堂》，博揚文化，2004。
- 田中大作《台灣島建築之研究》，國立台北科技大學出版，2005。
- 伊東忠太著 中國建築工業出版社改編《中國古建築裝飾》，中國建築工業出版社，2006。
- 司馬嘯青《台灣五大家族》，玉山社，2000。
- 竹中信子著，蔡龍保譯《日治台灣生活史　明治篇1895-1911》，時報文化，2007。
- 竹中信子著，曾淑卿譯《日治台灣生活史　大正篇1912-1925》，時報文化，2007。
- 江燦騰《台灣佛教百年史之研究》，南天書局，1996。
- 李乾朗《台灣建築史》，雄獅圖書股份有限公司，1979。
- 李乾朗《台灣古建築圖解事典》，遠流出版社，2003。
- 李乾朗《台灣傳統建築彩繪之調查研究》，行政院文化建設委員會，1993。
- 李乾朗《淡水鄞山寺修護工程報告書》，台北縣政府，1993。
- 李乾朗《艋舺龍山寺調查研究》，台北市政府，1992。
- 李乾朗《第三級古蹟新竹都城隍廟調查研究暨修護計畫》，新竹市政府文化局，2005。
- 李乾朗《廟宇建築》，北屋出版事業股份有限公司，1983。
- 李乾朗《傳統營造匠師派別之調查研究》，行政院文化建設委員會，1989。
- 李乾朗《臺灣傳統建築匠藝四輯》，燕樓古建築出版社，2001。
- 李乾朗《臺灣傳統建築匠藝五輯》，燕樓古建築出版社，2002。
- 李乾朗《臺灣傳統建築匠藝七輯》，燕樓古建築出版社，2004。
- 李乾朗《臺灣傳統建築匠藝八輯》，燕樓古建築出版社，2005。
- 李奕興《台灣的龍山寺》，遠足文化，2006。
- 李奕興《台灣傳統彩繪》，藝術家出版社，1995。

- 卓克華《清代台灣的商戰集團》，臺原出版社，1990。
- 吳瑞雲《大龍峒史蹟源流》，台北市大龍國小百週年校慶籌備會，1996。
- 吳密察監修，遠流台灣館編著《台灣史小事典》，2000。
- 林會承《台灣傳統建築手冊 形式與作法篇》，藝術家出版社，1990。
- 吳成偉《鹿港龍山寺》，彰化縣文化局，2004。
- 《臺灣近代史》，台灣省文獻會出版，1995。
- 馬書田《中國佛菩薩羅漢大典》，國家出版社，2007。
- 曹春平《閩南傳統建築》，廈門大學出版社，2006。
- 陳文德《1895年決戰八卦山（上）》，遠流出版社，1995。
- 張蒼松《典藏艋舺歲月》，時報文化，1997。
- 張仁豪《萬華歷史之旅》，台北市政府文化局，2001。
- 張訓嘉《艋舺百年風華》，台灣英文雜誌社，2004。
- 莊永明《台灣紀事——台灣歷史上的今天（上）》，時報文化，1989。
- 莊永明《台北老街》，時報文化，1991。
- 黃士娟、林承緯、吳昱瑩《台灣神社獨木大鼓研究報告》，國立台灣博物館，2008。
- 黃俊銘《總督府物語：台灣總督府暨官邸的故事》，向日葵文化，2004。
- 黃溪海《艋舺、圓山的物語》，永業出版社，2004。
- 雄獅美術編《攝影臺灣》，雄獅圖書股份有限公司，1979。
- 鈴木清一郎著，馮作民譯《增訂 台灣舊慣習俗信仰》，眾文圖書公司印行，2000。
- 楊碧川編著《臺灣歷史辭典》，前衛出版社，1997。
- 臺灣省文獻委員會編《台灣史》，眾文圖書股份有限公司，2004。
- 臺灣歷史文獻叢刊《淡水廳築城案卷》，臺灣省文獻委員會出版，1997。
- 《臺北文獻》，臺北市文獻委員會。
- 《臺灣文獻》，國史館台灣文獻館。
- 《臺灣風物》，臺灣風物雜誌社。
- 劉文三《台灣神像藝術》，藝術家出版社，1981。
- 劉克明編著《艋舺龍山寺全志》，艋舺龍山寺，1951。
- 蔣元樞《重修臺郡各建築圖說》，國立故宮博物院，2007。
- 魏德文主編，高傳棋編著《穿越時空看臺北：臺北建城120週年　古地圖．舊影像．文獻．文物展》，台北市政府文化局出版，2004。

YN3008X

圖說艋舺龍山寺（禪風傳世典藏版）

作　　者　徐逸鴻
選 書 人　陳穎青
責任編輯　劉偉嘉、陳詠瑜
協力編輯　張瑞芳
校　　對　徐逸鴻、陳詠瑜
版面構成　謝宜欣、張靜怡
封面設計　吳文綺

行銷業務　鄭詠文、陳昱甄
總 編 輯　謝宜英
出 版 者　貓頭鷹出版

發 行 人　凃玉雲
發　　行　英屬蓋曼群島商家庭傳媒股份有限公司城邦分公司
　　　　　104 台北市中山區民生東路二段 141 號 11 樓
　　　　　劃撥帳號：19863813；戶名：書虫股份有限公司
城邦讀書花園：www.cite.com.tw　購書服務信箱：service@readingclub.com.tw
購書服務專線：02-2500-7718~9（周一至周五上午 09:30-12:00；下午 13:30-17:00）
24 小時傳真專線：02-2500-1990；2500-1991
香港發行所　城邦（香港）出版集團／電話：852-2877-8606 ／傳真：852-2578-9337
馬新發行所　城邦（馬新）出版集團／電話：603-9056-3833 ／傳真：603-9057-6622
印 製 廠　成陽印刷股份有限公司
初　　版　2010 年 9 月
二　　版　2020 年 1 月
定　　價　新台幣 630 元／港幣 210 元
I S B N　978-986-262-407-4

讀者意見信箱　owl@cph.com.tw
投稿信箱　owl.book@gmail.com
貓頭鷹知識網　www.owls.tw
貓頭鷹臉書　facebook.com/owlpublishing

【大量採購，請洽專線】(02) 2500-1919

城邦讀書花園
www.cite.com.tw

國家圖書館出版品預行編目資料

圖說艋舺龍山寺 / 徐逸鴻著 . -- 二版 . --
臺北市 : 貓頭鷹出版 : 家庭傳媒城邦分
公司發行 , 2020.01
144 面；19×26 公分 .
ISBN 978-986-262-407-4 (精裝)

1. 寺廟 2. 民間信仰 3. 臺北市萬華區

733.9/101.9/123.61　　108019562

龍山寺年表	年代	西元	社會政治大事件
	康熙49年	1710	陳賴章墾號開墾台北盆地
艋舺三邑人創建龍山寺，主倡者黃典謨捐獻大半用地，農曆五月興工	乾隆3年	1738	
二月龍山寺落成	乾隆5年	1740	
	乾隆11年	1746	艋舺天后宮落成
	乾隆53年	1788	泉州安溪人創建清水祖師廟
	乾隆56年	1792	清廷開放淡水八里坌與福建五虎門、蚶江往來對渡
	嘉慶10年	1805	大龍峒保安宮落成
	嘉慶11年	1806	海盜蔡牽攻淡水，焚殺艋舺官軍
台北大地震，龍山寺除佛座之外，全部倒塌，董事黃朝陽、楊士朝等人出面勸募，得善款一萬五千餘元，於同年農曆十月十八日開工重建	嘉慶20年	1815	
	道光5年	1825	台灣府在艋舺設軍工廠兼辦樟腦業務升水師游擊為參將署，艋舺成為台灣北部軍事及商業中心，由此至咸豐三年，為艋舺全盛時期
	道光8年	1828	建地藏庵於龍山寺畔，廟旁設大眾廟（昭顯廟），收祀無主孤魂
龍山寺祈安建醮	道光15年	1835	
	道光20年	1840	中英鴉片戰爭
	道光23年	1843	淡水同知曹謹建文甲書院，後改稱學海書院
	咸豐3年	1853	頂下郊拚，祖師廟遭焚毀
龍山寺祈安建醮	咸豐9年	1859	艋舺漳泉械鬥，漳州方面由板橋林國芳領導，泉州方面由黃阿蘭、黃龍安領導，約歷時兩年之久
	同治元年	1862	淡水開港通商
	同治3年	1864	建艋舺慈雲寺

龍山寺年表	年代	西元	社會政治大事件
	明治44年	1911	台北大水災
龍山寺開剪髮辮會	大正元年	1912	
龍山寺祈安建醮	大正4年	1915	
龍山寺部分作為女子授產場（1916-1920）	大正5年	1916	艋舺低窪地填土計畫完成
	大正7年	1918	艋舺火車站落成
辜顯榮邀王益順來台主持龍山寺改建設計	大正9年	1920	
福智和尚入寂，九月聘請苗栗法雲寺住持覺力法師擔任住持，在寺內成立仁濟院，提供貧民診療服務	大正11年	1922	
	大正12年	1923	施乾在艋舺大理街創立乞丐收容所「愛愛寮」
龍山寺改建落成	大正13年	1924	
龍山寺盂蘭盆會「打馬火」（松明），由吳永富提議廢除	大正13年	1924	
寶月法師在龍山寺成立「台灣佛教會」，並發行《台灣佛教新報》	大正14年	1925	
龍山寺落成典禮兼平安建醮妙吉法師在龍山寺成立「台灣阿彌陀佛會」，並發行《亞光新報》	昭和2年	1927	
覺力和尚入寂	昭和8年	1933	
中元祭典歸龍山寺辦理	昭和13年	1938	
新設圖書室及園亭	昭和15年	1940	
釋真常住持到任	昭和15年	1940	
設立佛教婦人會	昭和16年	1941	
龍山寺內創設供物賣店	昭和16年	1941	
龍山寺中殿遭空襲燒毀	昭和20年	1945	
龍山寺會議室充為歡迎祖國籌備處	民國34年	1945	台灣光復
臨時中殿落成	民國34年	1945	
真常住持入寂	民國35年	1946	
憲兵團於本寺設國文、國語講習所	民國35年	1946	
臺北文化同勵會與臺灣省警察學校於龍山寺合設國文、國語講習所（1947-1949）	民國36年	1947	
龍山寺東西廊大部分房室借與國軍為宿舍	民國38年	1949	
全民友愛互助會中醫部借寺內一室為診察所	民國39年	1950	